図解

図解でわかる

障害福祉サービス

二本柳 覚 編著

中央法規

はじめに

　最近、「どうやってやればいいかわからないから教えてほしい」と、小学生の娘の宿題を手伝うことが増えました。小学生の問題くらいはさすがに解けるだろう、と高を括っていましたが、例えば、計算の方法を伝えると、「なんでこういう計算をするの？」とその理由を求められ、「いや、そういうものだから」としか回答できず、いかに自分がきちんと理解してこなかったかということに気づき、愕然としました。一方、娘からすれば、「大人なのだからきちんと教えてくれる」と思っていたに違いありません。そんな娘の期待に応えられず、反省しきりでした。

　さて、何らかの理由により障害を抱えることとなった人やその家族は、きっと今後の生活について不安でいっぱいなのではないでしょうか。そんなときに、相談した人から「自分はそのことは専門ではないから」とにべもなく扱われたら、不安はより深まってしまうでしょうし、なによりガッカリするでしょう。専門職からすれば、自分の専門領域以外について知らないのは仕方がない、と思うかもしれませんが、当事者からすれば、福祉の人や医療の人、あるいは役所の人は、みな一様に専門職であり、「きちんと教えてくれる」と思って、縋るような思いで相談をされてこられるのだと思います。ですから、保健医療福祉の現場で働く皆さまには、たとえ専門外であったとしても、障害福祉領域について、標準的な知識をもってほしいと考え、本書「図解でわかる障害福祉サー

ビス」を制作した次第です。

　本書では、障害者に関する制度やサービスについて、障害者にかかわろうとするさまざまな領域の専門職や学生、また障害のある本人・家族にもわかりやすく、網羅的に示せるように心がけて制作しました。障害者への支援は、医療と福祉が密接にかかわる領域で、幅広く、また時代により制度は変わり続けるなど、正確に理解し続けるのは困難ですが、少しでもわかりやすくなるように視覚的に理解できる図解をベースにしています。

　本書をきっかけに、多くの専門職が少しでも障害福祉制度について知り、目の前の当事者の置かれた状況を理解して、的確な支援者へとつないだり、あるいは連携をして支援を行うなど、解決に向けた積極的な取組みにつながっていくことに期待しています。それが、結果的に当事者の方々のよりよい生活につながっていくはずだからです。

　最後になりますが、本書の制作にあたって、お忙しいなか、執筆の労を取っていただいた先生方に心より御礼を申し上げます。

2022年4月

二本柳覚

図解でわかる障害福祉サービス　目次

はじめに

第 1 章　障害者を支援する際、
まず知っておきたいこと

第 2 章　障害者に関する法制度

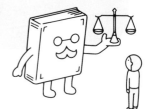

第 3 章 障害者総合支援法

第 4 章　障害福祉サービスの使い方

第 **5** 章　障害福祉サービスの実践事例

第 **6** 章　障害者の生活を支える制度

障害者を
支援する際、まず
知っておきたいこと

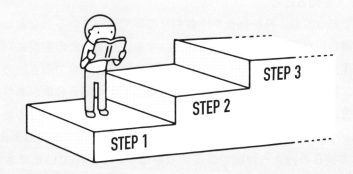

STEP 3

STEP 2

STEP 1

01

身近だけどあまり
知らない障害者

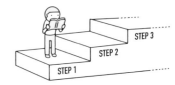

私たちの意識

　今、共生社会や地域包括ケアの必要性が声高に叫ばれています。ノーマライゼーションや共生社会について医療や福祉の専門職であれば学んでいますが、一般の人たちにもバリアフリーや合理的配慮といった言葉が浸透しつつあり、また、東京パラリンピックで活躍する障害者を目の当たりにして胸を熱くした記憶も新しいところです。

　しかし、それでも、私たちはまだ、障害のある人の暮らしや困難、取り巻く環境などについて、本当の意味では理解していません。例えば、わが国に障害のある人が何人いるかわかりますか？　『障害者白書』（内閣府）によれば、約7.6％の人が何らかの障害を有しているといわれています。残りの約92.4％の健常者を対象に設計されている環境で、白い杖をついている人や車いすの人が何に困っているか、そのことを真剣に考えられるほど**私たちの意識や知識は追いついていない現状**があります。

障害のある人を知ること

　福祉専門職であっても、高齢福祉や児童福祉の場で働いているとなかなか障害の視点で考えるのは難しいかもしれません。しかし、今後、共生社会の実現に向けて、領域や職種を超えた連携がますます重要になります。障害福祉の現場で働き始めたばかりの人もそうですが、私たちはまず、障害のある人についてよく知る必要があります。

　一番の教科書は、街や職場で出会う障害のある人と触れ合い、彼らの話に耳を傾けることでしょう。その前段階として、本書を通して少しでも障害のある人について学び、共通認識として彼らの抱える課題や環境の改善について学んでいただきたいと思います。

第1章　障害者を支援する際、まず知っておきたいこと

第2章　障害者に関する法制度

第3章　障害者総合支援法

第4章　障害福祉サービスの使い方

第5章　障害福祉サービスの実践事例

第6章　障害者の生活を支える制度

障害者数（推計）

総数
964.7万人

身体障害、知的障害、精神障害の3区分について、厚生労働省による「生活のしづらさなどに関する調査」、「社会福祉施設等調査」、「患者調査」等に基づき推計された基本的な統計数値

精神障害者　　入院患者数　30.2万人

　　　　　　　外来患者数　　　　　　　　　　　　389.1万人

知的障害者・児　施設入居者数　13.2万人

　　　　　　　在宅者数　　　96.2万人

身体障害者・児　施設入居者数　7.3万人

　　　　　　　在宅者数　　　　　　　　　　　　428.7万人

一般の人の意識（平成29年内閣府「障害者に関する世論調査」より）

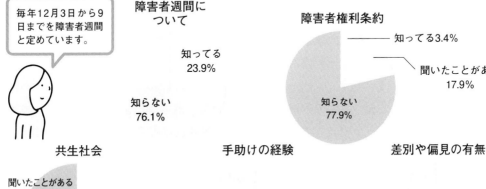

毎年12月3日から9日までを障害者週間と定めています。

障害者週間について
知ってる 23.9%
知らない 76.1%

障害者権利条約
知ってる 3.4%
聞いたことがある 17.9%
知らない 77.9%

共生社会
聞いたことがある 19.6%
知ってる 46.6%
知らない 33.7%

手助けの経験
ない 38.2%
ある 61.8%

差別や偏見の有無
ある 83.9%

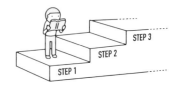

02
そもそも障害者とは？

障害者の定義

　そもそも障害者とは誰のことでしょうか？　一般的には外見や言動に明らかな障害がある人を障害者と認識していると思いますが、これだと人によって障害者の範囲が異なりそうです。そこで法律で「障害者」の定義が定められています。まず、**障害者基本法**では「身体障害、知的障害、精神障害（発達障害を含む）その他の心身の機能の障害があるものであって、障害及び社会的障壁により継続的に日常生活又は社会生活に相当な制限を受ける状態にあるものをいう」と定義されており、障害者は、**障害があることだけではなく障害によるさまざまな社会的障壁、いわば日常生活や社会生活上の暮らしにくさによって制限を受けている状態**の人と説明されています。さらに、身体障害者福祉法、知的障害者福祉法、精神保健及び精神障害者福祉に関する法律（以下、「精神保健福祉法」という）等でそれぞれ定義が定められ、手帳や等級についても説明されています。

障害者の範囲は広い

　また、このような定義や手帳の等級では定め切れない難病等によって、暮らしにくさを抱えている人もいます。そこで、「障害者の日常生活及び社会生活を総合的に支援するための法律（以下、「**障害者総合支援法**」という）」では難病の人も含め、どのような人がどのような障害福祉サービスを利用できるのか定められています。

　このように法律によってその定義や範囲が説明されているものの、一言で障害者とは誰のことを指すのか説明するのは難しい面があります。しかし、少なくとも身体、知的、精神の状態がどうかという診断上の判断のみならず、一人ひとりの生活環境を考慮した社会生活上の判断が求められているといえるでしょう。

第1章　障害者を支援する際、まず知っておきたいこと

第2章　障害者に関する法制度

第3章　障害者総合支援法

第4章　障害福祉サービスの使い方

第5章　障害福祉サービスの実践事例

第6章　障害者の生活を支える制度

障害者総合支援法における障害の定義

種類	身体障害	知的障害	精神障害	難病
定義	身体障害者福祉法第4条に規定する身体障害者	知的障害者福祉法にいう知的障害者のうち18歳以上である者	精神保健及び精神障害者福祉に関する法律第5条に規定する精神障害者（発達障害者支援法（平成16年法律第167号）第2条第2項に規定する発達障害者を含み、知的障害者福祉法にいう知的障害者を除く）のうち18歳以上である者	治療方法が確立していない疾病その他の特殊の疾病であって政令で定めるものによる障害の程度が厚生労働大臣が定める程度である者であって18歳以上である者
手帳と等級	身体障害者手帳1級～7級（数が少ないほど重度）	療育手帳A～C、1～4など（地域によって異なる）	精神障害者保健福祉手帳1級～3級（数が少ないほど重度）	独自の手帳はなく、症状等により、ほかの障害者手帳が発行される場合がある

障害福祉サービスが受けられる障害の種類

身体障害　　知的障害　　精神障害（発達障害含む）　　指定難病

障害者の範囲は広がっていますが、障害福祉サービスを受けられる種類は決まっています。

▶ 身体障害

身体障害者とは？

　さらにそれぞれの障害について詳しくみていきたいと思います。

　身体障害者の定義は、身体障害者福祉法第４条で「この法律において、『身体障害者』とは、別表に掲げる身体上の障害がある18歳以上の者であって、都道府県知事から身体障害者手帳の交付を受けたものをいう」とされ、**手帳を持っていることが前提**となっています。そして、①視覚障害、②聴覚または平衡機能の障害、③音声機能、言語機能またはそしゃく機能の障害、④肢体不自由、⑤内部障害、これら五つが障害の種類として挙げられています。

　なお、⑤内部障害は心臓、腎臓、呼吸器などの内臓や免疫機能の障害のため、見た目にわからないことから、**周囲から気づかれにくく配慮されにくい**という困難さがあります。

身体障害者が受けられる障害福祉サービス

　身体障害者は定義上、手帳を取得されている人となりますが、手帳を持つことでさまざまな障害福祉サービスを受けることができます。視覚、聴覚、言語、肢体、内部に障害のある人々にとっては、介護サービスや生活支援サービスももちろん有用ですが、とりわけ福祉用具（補装具・日常生活用具）や ICT の技術を用いた支援が求められています。

　補装具とは障害者が日常生活を送る上で必要となる身体の欠損または損なわれた身体機能を補完・代替する用具のことで、義肢や車いす、杖、補聴器などさまざまな種類があり、補装具種目一覧で説明されています。また補装具の購入にあたっては**補装具費支給制度**があり、市町村が窓口になっています。購入した月にかかった費用の総額に対して、家計の負担能力やその他の事情を考慮して支給されます。利用者負担の目安は原則１割ですが、収入によっては異なります。

身体障害の種類と補装具　図

第1章　障害者を支援する際、まず知っておきたいこと

第2章　障害者に関する法制度

第3章　障害者総合支援法

第4章　障害福祉サービスの使い方

第5章　障害福祉サービスの実践事例

第6章　障害者の生活を支える制度

身体障害の種類

①視覚障害

視覚障害には、視覚情報が得られない、または少ない盲、視力低下、視野狭窄などの弱視、明るさや暗さへの視角の適応力が下がるなどの明順応、暗順応の低下、といった症状があります。先天的なものと後天的なもの（中途視覚障害）がありますが、失明をもたらすような後天的なものとして、白内障、緑内障、糖尿病性網膜症、網膜色素変性症、加齢黄斑変性症、ベーチェット病などがあります

②聴覚障害

聴覚障害にも先天的なものと、後天的なものがあります。音が聴こえにくい状態を難聴といい、「軽度難聴」、「中等度難聴」、「高度難聴」「重度難聴」のレベルがあります。全く聞こえない状態は失聴（聾）といいます。難聴にはレベルのほかに障害の部位によって「伝音声難聴」「感音性難聴」「混合性難聴」があります

③言語障害
（音声機能、言語機能またはそしゃく機能障害）

言語障害は大脳の言語中枢が損傷を受けて聞いたり、話したり、読んだり、書いたりなどコミュニケーションにかかわる障害です。失語症の原因は脳血管疾患や脳腫瘍が挙げられます。脳の損傷の場所によって感覚性失語（ウェルニッケ失語）、運動性失語（ブローカー失語）、全失語にわかれます。ほかにも音声障害や構音障害などの発声発語障害、形や色の認識が困難になる視覚失認や読むことが困難になる失読、書字に影響が出る失書があります

④肢体不自由

肢体不自由とは両手足、体幹の一部または全部が損なわれ、日常生活や社会生活に制限がある状態を指しています。脳性麻痺や筋ジストロフィーのような先天的なものと事故や病気によって損傷を受けるような後天的なものがあります

⑤内部障害

心臓、腎臓または呼吸器の機能の障害、膀胱・直腸機能の障害、小腸の機能の障害、ヒト免疫不全ウイルスによる免疫機能の障害、肝臓機能の障害を指して内部障害と呼びます。内部障害の人は通院、手術が必要なことも多いことから自立支援医療の制度が受けられます

補装具の例

視覚障害者安全杖

義肢・装具

車いす・電動車いす

矯正用眼鏡など

▶ 知的障害

知的障害にはさまざまな疾患が影響

知的障害は知能の発達に遅れがあることから精神遅滞とも呼ばれ、発達障害の一つともされています。その特徴として、①知能検査によって確かめられる知的機能の停滞が明らかであること、②適応機能の明らかな制限があること、③発達期（おおむね18歳まで）に生じる、があります。

「知的機能」が障害される原因としては、ダウン症やフェニルケトン尿症など遺伝子要因（出生前要因）のほか、胎児のときの感染症、出産時の脳の損傷（環境要因）など、中枢神経系に影響を与えるさまざまな病態が知的障害を引き起こす原因といわれています。

しかし、実際のＩＱや適応機能は個人差が大きく、必ずしもＩＱが低い＝知的障害ではありません。そのため、知的障害の判定には知能検査と適応能力検査が用いられ、**知的能力面**（ＩＱ）だけではなく、**適応機能面**（食事、入浴、排泄などの日常生活能力、時間管理や移動などの社会生活能力）などから総合的に判定されます。

重症心身障害とは

重症心身障害とは、染色体異常や低酸素症、脳炎後遺症など、何らかの原因によって脳に障害が生じ、**重度の肢体不自由と、重度の知的障害が重複した障害**を指しています。重症心身障害児（者）の病態として感覚障害や咀嚼・嚥下機能障害、排泄障害、呼吸機能障害、骨格異常などを生じる場合があります。また、合併症や二次障害など、障害が障害を生む障害の連鎖も視野に入れた支援が必要です。

重症心身障害児（者）の支援においては、①生命の支援（継続的な医療ケア）、②生活の支援（家族や支援者による行為介助）、③人生の支援（発達を意識したライフサイクルを見通した支援）の視点が重要といえるでしょう。

知的障害と大島の分類 図

第1章 障害者を支援する際、まず知っておきたいこと

第2章 障害者に関する法制度

第3章 障害者総合支援法

第4章 障害福祉サービスの使い方

第5章 障害福祉サービスの実践事例

第6章 障害者の生活を支える制度

知的障害の区分の例

	知能面(IQ)	適応機能面
最重度知的障害	20以下	
重度知的障害	21〜35	家庭生活・社会生活などで必要な行動ができるか?(管理など)
中度知的障害	36〜50	
軽度知的障害	51〜70	

知能面だけでなくココも合わせて判断します

大島の分類

重症心身障害児(者)は、医学的な診断用語ではありません。むしろ状態を表す児童福祉法上の用語です。そのため、大島の分類によって日常生活活動と知的能力で判定されるのが一般的です。

					(IQ)
21	22	23	24	25	80
					70
20	13	14	15	16	
					50
19	12	7	8	9	
					35
18	11	6	3	4	
					20
17	10	5	2	1	
					0
走れる	歩ける	歩行障害	座れる	寝たきり	

①1〜4の範囲に入るものが重症心身障害児(者)
②5〜9は重症心身障害児の定義には当てはまりにくいが、絶えず医療的ケアが必要で障害の状態も進行的で合併症がある「周辺児」と呼ばれる

▶ 精神障害

精神障害とは

精神障害には、統合失調症、気分障害、アルコールなど精神作用物質への依存症、高次脳機能障害、発達障害、パニック障害、パーソナリティ障害などさまざまな疾患や症状等があり、診断は簡単ではありません。診断にはWHOによる**ICD-10**（ICD-11に切替予定）や**DSM-5（精神疾患の診断・統計マニュアル）**が用いられています。

中でも代表的な精神障害である統合失調症は、「人生の前半の病」ともいわれ、若者中心に1000人に7、8人の発症率があるといわれています。症状は多様で、急性期では幻聴、幻視などの幻覚や妄想といった陽性症状、自発性の低下や無気力、抗うつ、情動の平板化などの陰性症状が現れます。その後、治療が進むにつれ陽性症状は減少しますが、陰性症状は残りやすい特徴があります。

精神疾患の治療と課題

精神障害者は症状に対する周囲の理解不足から差別や排除の対象になりやすく、入院治療を強いられてきた歴史があります。

現在は、薬物療法の発展による治療成果の向上、早期発見、早期対応やオープンダイアローグなどの対話を中心とした精神療法の有効性もいわれるようになり、社会性や生活機能の回復のためのリハビリテーションも充実してきています。また、当事者研究などで有名な「浦河べてるの家」の活動も注目され、当事者の社会活動への参加も増え、通院のみでの治療も可能になってきました。

しかし、依然として精神障害者の長期入院問題は解決しておらず、**入院者数21万3237人に対して外来者数が5万8405人である**など（2020（令和元）年の統計数）、地域移行はわが国の障害者福祉の重点課題です。

第1章　障害者を支援する際、まず知っておきたいこと

第2章　障害者に関する法制度

第3章　障害者総合支援法

第4章　障害福祉サービスの使い方

第5章　障害福祉サービスの実践事例

第6章　障害者の生活を支える制度

統合失調症の症状

陽性症状・陰性症状・病識の理解別の症状

陽性症状

幻覚（幻聴）　　妄想

・思考や行動がまとまらない
・イライラや焦燥感

陰性症状

〈会話・行動〉
かみ合わない
支離滅裂

〈意欲〉
意欲減退
不潔
閉じこもり

〈感情〉
乏しい
他者理解が困難

・疲れやすい

病識の障害

幻覚・妄想が
起きていることが
理解できない

認知機能の障害

・注意が散漫になる
・記憶力が落ちる
・こだわりが強くなる
・判断に時間がかかる

主な精神障害（手帳の対象となる）

①統合失調症

統合失調症は幻覚や妄想といった精神病症状や意欲・自発性の低下などの機能低下、認知機能低下などを主症状とする精神疾患。陰性症状（意欲低下等）と陽性症状（妄想や幻聴等）があり、幻覚や幻聴から奇異な行動をとったり、意欲低下から自室にひきこもるなどの行動にもつながる。主に思春期から青春期に発症

②気分（感情）障害

気分（感情）障害には大きく「うつ病」と「双極性障害（躁うつ病）」がある。「うつ病」はストレスや疲労をきっかけに発症し、継続的に気分が落ち込む症状が生じる。「双極性障害」はうつ状態と躁状態（極端な気分の高まる）を繰り返し、青年期から成人初期に発症することが多いとされている

③てんかん

脳の神経細胞の異常放電によりさまざまな発作を起こす病気

④薬物依存症

覚せい剤や麻薬などの常用により、心身に何らかの変化が生じている状態のこと

⑤高次脳機能障害

病気や事故によって脳が損傷されたために、認知機能に障害が起きた状態。新しいことが覚えられない、感情や行動の抑制が利かなくなる、よく知っている場所や道で迷うなどの症状が現れる場合もあり、生活に支障をきたすことがある

⑥発達障害

脳の特性が通常と異なることで、社会生活においてさまざまな障害のある精神疾患。いくつかタイプがあり、自閉症、学習障害、注意欠如多動性障害等がある

⑦そのほかの精神疾患

ストレス関連障害や不安障害、摂食障害、パーソナリティ障害などがある

発達障害

発達障害とは

2004（平成16）年に制定された発達障害者支援法において、発達障害者とは「発達障害（自閉症、アスペルガー症候群その他の広汎性発達障害、学習障害、注意欠陥多動性障害などの脳機能の障害で、通常低年齢で発現する障害）がある者であって、発達障害及び社会的障壁により日常生活又は社会生活に制限を受けるもの」（発達障害者支援法第2条）と定義されています。

なお、自閉症、アスペルガー症候群、広汎性発達障害をすべて含む広い定義で**自閉スペクトラム症**という診断名も用いられています（DSM-5）。

自閉スペクトラム症の概念

スペクトラムとは、あいまいな境界をもちながら連続していることを指し、「自閉症」に「スペクトラム」を組み合わせたこの概念は、自閉症やアスペルガー症候群が、境界をもちつつもつながっている（スペクトラムをなしている）ことを意味しています。そのなかでも、例えば、こだわりは強いが生活に困るほどではない発達障害傾向の人から、重度の自閉症まで、症状の現れ方もさまざまです。

主な特徴として、①いくつかの状況で社会的なコミュニケーションや相手との相互反応がうまくとれないこと（会話がかみ合わない）、②情動的、反復的な身体の運動や会話、固執やこだわり、極めて限定され執着する興味、感覚刺激に対する過敏さまたは鈍感さなどの特徴を二つ以上もつこと、そしてこの①と②の症状が小さな頃から存在していること、また年齢なりの対人関係がつくれないことや学校や職場でうまくいかないなどの困難があること、これらの特徴が知的能力障害（知的障害）や全般性発達遅延ではうまく説明されないことなどが挙げられます。

第1章　障害者を支援する際、まず知っておきたいこと

第2章　障害者に関する法制度

第3章　障害者総合支援法

第4章　障害福祉サービスの使い方

第5章　障害福祉サービスの実践事例

第6章　障害者の生活を支える制度

自閉スペクトラム症（ASD）

自閉症

・言葉の発達の遅れ
・コミュニケーションの障害
・対人関係・社会性の障害
・パターン化した行動、こだわり

アスペルガー症候群

・基本的に、言葉の発達の遅れはない
・コミュニケーションの障害
・対人関係・社会性の障害
・パターン化した行動、興味・関心のかたより
・不器用（言語発達に比べて）

> 知的な遅れを伴うこともある

注意欠如・多動性障害（AD/HD）

・不注意（集中できない）
・多動・多弁（じっとしていられない）
・衝動的に行動する（考えるよりも先に動く）

限局性学習障害（SLD）

・「読む」「書く」「計算する」等の能力が、全体的な知的発達に比べて極端に苦手

> このほか、トゥレット症候群や吃音（症）なども発達障害に含まれます。

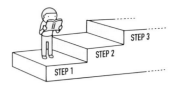

03

障害者制度の発展過程
（戦後から2000年頃まで）

GHQの介入による障害者福祉施策の始まり

　わが国の本格的な障害者施策は戦後から動き出します。アメリカ GHQ の指示の下、社会福祉施策が打ち出され、いわゆる福祉三法（生活保護法、児童福祉法、身体障害者福祉法）が順次定められていきました。そして、1951（昭和26）年には、社会福祉事業法によって、障害福祉サービスが提供されるようになり、**「応能負担」** という社会福祉の基礎構造がつくられました。

施設や病院の増加とノーマライゼーション

　さらに、1960（昭和35）年には、精神薄弱者福祉法が制定され、精神薄弱者（今の知的障害者）への援助や保護を目的に「精神薄弱者援護施設」が規定されました。この援護施設は18歳以上の精神薄弱者や学校卒業後、家庭養育が困難な精神薄弱者の受け皿となる一方、施設に入所するのが本人にとってよいことだという考え方が広まっていきます。

　また、医療金融公庫法が施行されたことで私立の精神科病院が次々と増加するなか、ライシャワー事件を契機に精神障害者を不安視する世論が一気に高まり、1965（昭和40）年の精神衛生法の改正は、社会防衛的な意図が強く、その後も入院患者は増加していきました。脱施設化へ向かう世界的な流れに逆行し、わが国は入所施設が増加していきました。このようななか、1981（昭和56）年、国連が「国際障害者年」を定め「完全参加と平等」を理念に掲げました。国際的に障害者の人権の尊重や社会参加が目標となったのです。これに影響を受けわが国においてもノーマライゼーションの理念が浸透しはじめ、1993（平成5）年には「心身障害者対策基本法」が「障害者基本法」へと生まれ変わるなど、その他の各法律や制度も改正されていくことになりました。

第1章 障害者を支援する際、まず知っておきたいこと

第2章 障害者に関する法制度

第3章 障害者総合支援法

第4章 障害福祉サービスの使い方

第5章 障害福祉サービスの実践事例

第6章 障害者の生活を支える制度

障害者施策の流れ

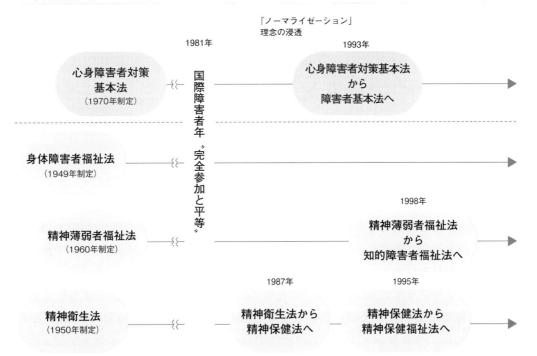

「ノーマライゼーション」
理念の浸透

1981年

1993年

心身障害者対策
基本法
（1970年制定）

国際障害者年　"完全参加と平等"

心身障害者対策基本法
から
障害者基本法へ

身体障害者福祉法
（1949年制定）

精神薄弱者福祉法
（1960年制定）

1998年

精神薄弱者福祉法
から
知的障害者福祉法へ

1987年

1995年

精神衛生法
（1950年制定）

精神衛生法から
精神保健法へ

精神保健法から
精神保健福祉法へ

措置制度と応能負担

POINT

措置制度
→行政が障害者に対して利用できる福祉サービスを指定する制度。障害者を保護し、生活環境を整備するという考えのもとで入所施設を積極的に整備したが施設は足らなかった。利用費は応能負担

応能負担
→助成を受ける人の年収によって福祉や医療サービスの自己負担金が設定され、高額な医療やサービスを受けても、自分の払える範囲（応能）の負担しか請求されないこと

応能負担のイメージ

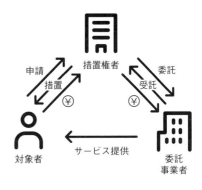

申請　措置　措置権者　委託　受託
¥　¥
対象者　サービス提供　委託事業者

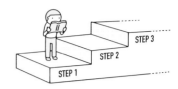

04
ノーマライゼーションの考え方の導入

分け隔てることのない社会づくり

1950（昭和25）年代、デンマークで知的障害者の生活改善に取り組んでいた社会運動家のバンク＝ミケルセンらは、障害者の法律に**「ノーマライゼーション」**という用語を導入させることに成功しました。これは、障害がないことを当たり前、つまり「普通」とみて、ひたすら「普通」を目指すことが当たり前と見てきた長い歴史のなかで画期的な出来事となりました。

その後、ノーマライゼーションは「障害者と健常者が分け隔てなく同じように社会参加して活動できる社会づくり」という意味を含む用語として認知され、1960（昭和35）年代には、ベンクト・ニィリエは八つの原則を示し、ノーマライゼーションの運動を導いていきました。こうしてノーマライゼーションの理念は世界的に広がり、例えば「知的障害者の権利宣言」や「障害者の権利宣言」のなかに取り入れられ、さらに「国際障害者年」のスローガン「完全参加と平等」や「障害者の権利に関する条約」の**「合理的配慮」**という考え方に結実化していきました。

根本的な理念としてのノーマライゼーション

わが国でも、ノーマライゼーションは「障害のある人もない人も、お互いに支えあい、地域で生き生きと明るく豊かに過ごしていける社会を目指す」理念として、1993（平成5）年の「障害者基本法」にも導入されています。

今では、インクルーシブ教育や、社会的弱者、社会的マイノリティのための多様性（ダイバシティ）の保障・権利擁護の活動を支え、さらにはバリアフリーやユニバーサルデザイン等の実践的な考え方を生み出すような、根本的な理念、思想となっています。

ノーマライゼーションの原則と理念　図

第1章　障害者を支援する際、まず知っておきたいこと

第2章　障害者に関する法制度

第3章　障害者総合支援法

第4章　障害福祉サービスの使い方

第5章　障害福祉サービスの実践事例

第6章　障害者の生活を支える制度

ノーマライゼーションの八つの原則（ベンクト・ニィリエ）

ノーマライゼーションの八つの原則

- 1日の普通なリズム
- 普通の地域の普通な家
- 1週間の普通なリズム
- 平均的経済水準の保証
- 1年の普通なリズム
- 男女がいる世界に住む
- 当たり前の成長の過程
- 自由とその尊重

バンク＝ミケルセン

私がノーマライゼーションの父です。

私がバンク＝ミケルセンの影響を受けながら、この八つの原則をまとめました。

ベンクト・ニィリエ

ノーマライゼーションの理念、思想の広がり（例）

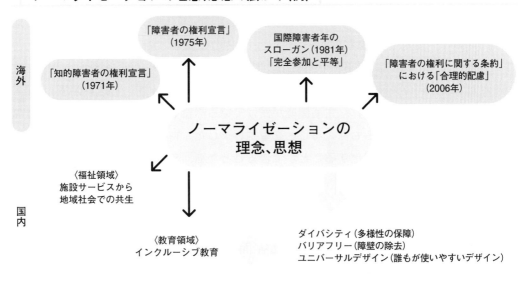

海外

「知的障害者の権利宣言」
（1971年）

「障害者の権利宣言」
（1975年）

国際障害者年の
スローガン（1981年）
「完全参加と平等」

「障害者の権利に関する条約」
における「合理的配慮」
（2006年）

ノーマライゼーションの
理念、思想

国内

〈福祉領域〉
施設サービスから
地域社会での共生

〈教育領域〉
インクルーシブ教育

ダイバシティ（多様性の保障）
バリアフリー（障壁の除去）
ユニバーサルデザイン（誰もが使いやすいデザイン）

05

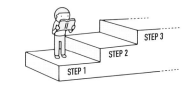

ICFって？

一部ではなく全体をみる視点

世界保健機関（WHO）は、2001（平成13）年に「障害（機能・形態障害）を負うと→能力に障害をきたし→社会的不利を被る」といったようにネガティブな方向に帰着する分類等と批判された「**国際障害分類（ICIDH）**」を改訂し「**国際生活機能分類（ICF）**」を発表しました。国際生活機能分類（ICF）は、人の生活の全体を捉えられるようにつくられています。人が健康に生きていくことを「生活機能」で表しています。マイナスの面だけでなく現状、できていることなどプラス面にも着目して整理をしていきます。ICF は障害や疾病のあるなしにかかわらず、すべての人に適用されますが、この生活機能が制限されている状態を「（その人にとって）障害がある状態」と捉えます。

まず、人の生活機能の三つのレベルである「心身機能・身体構造（心身のレベル）」「活動（生活のレベル）」「参加（社会のレベル）」を中心に置き、相互に作用するものとしています。またそれらは、「健康状態」「環境因子」「個人因子」からも相互に影響を受けることが双方向の矢印で示されています（**相互作用モデル**）。特に「環境因子」「個人因子」は背景因子ともよばれ、生活機能が受けている影響を、健康状態からだけではなく、環境や個人の背景からも捉えることを重視しました。特に環境因子は、周囲の配慮や協力によってよりよく変化することができることから、支援においては重要な因子といえるでしょう。

身近な事例での利用

このように ICF は総合的、統合的ですが半面、複雑で利用困難と思われるかもしれません。しかし、実際には右図のように身近な例でも利用できます。

身近な事例で考えるICF　図

第1章　障害者を支援する際、まず知っておきたいこと

第2章　障害者に関する法制度

第3章　障害者総合支援法

第4章　障害福祉サービスの使い方

第5章　障害福祉サービスの実践事例

第6章　障害者の生活を支える制度

事例

脳性麻痺による肢体障害があるA君。食事、入浴、排泄のほとんどすべてに介助が必要。移動は電動車いすを自分で操作することができ、狭い道も抜群の車幅感覚で通り抜けることができる。麻痺の影響で発語に聴き取りづらさはあるが、いつも笑顔でコミュニケーションが上手なことから友達も多く、大学で社会福祉士の資格を取ることを希望している。しかし、実習先がなかなか決まらず、A君は自信を失っていき、一時期は実習をあきらめかけた。そこで、相談員はICFを活用した自己紹介書を持っていくことを提案し、作成後、教員と共有、実習希望施設へ情報提供した

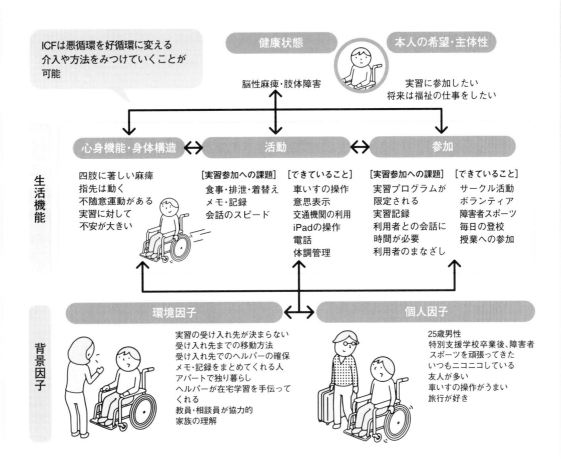

ICFを活用したことで、A君の生活の全体がわかりやすく整理され、実習受け入れ先から受け入れ許可の返事がもらえた。実習に向けての課題も同時に整理され、実習環境を整える際にも役立ち、A君自身の強みが活かされた実習プログラムの検討に入ることができた

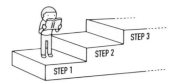

06 障害者制度の発展過程
（障害者自立支援法の成立まで）

障害者基本法と障害者プラン

　ノーマライゼーションの理念の広がりとともに、1993（平成5）年、「心身障害者対策基本法」が「障害者基本法」へと改正されました。この法律は現在の障害者福祉の根幹であり、さまざまな分野をまたぐ法律のため、内閣府所管になっています。

　続いて、1995（平成7）年には「障害者対策に関する新長期計画」を推進していくため、「障害者プラン（ノーマライゼーション7か年戦略）」が打ち立てられました。ここでは、リハビリテーションの理念とノーマライゼーションの理念をもとに、障害者の住居、仕事の確保、社会参加の促進、入所施設の拡充などに関する七つの視点から施策の重点的な推進を図るとともに、達成するための具体的な数値目標が掲げられています。

支援費制度の成立から障害者自立支援法へ

　1990（平成2）年のさまざまな法律改正によって、**施設中心のサービスから地域における在宅サービスへの転換**が進められることになりました。1997（平成9）年の社会福祉基礎構造改革により、それまでの「措置制度」から、障害者がサービスを選択できる「契約制度」へと変わり、NPO法人や民間の企業も福祉サービスを提供できるようになりました。その始まりが2003（平成15）年の**「支援費制度」**でした。

　「支援費制度」は、利用者が主体的にサービスを選択し、利用者による契約に基づいて利用ができる仕組みでしたが、ホームヘルプサービスを中心にサービスの利用者が急増し、財源を確保することが困難になりました。また地域によって利用に格差があること、精神障害者はサービス利用の対象から外れていたことなど課題も多く、2005（平成17）年に廃止され、同年に障害者自立支援法が制定されました。

障害者プランと支援費制度　図

第1章　障害者を支援する際、まず知っておきたいこと

第2章　障害者に関する法制度

第3章　障害者総合支援法

第4章　障害福祉サービスの使い方

第5章　障害福祉サービスの実践事例

第6章　障害者の生活を支える制度

障害者プラン（ノーマライゼーション7か年戦略）の七つの視点と具体的内容

七つの視点	内容
1　地域でともに生活するために	住まい・働く場・活動の場や必要な保健福祉サービス等が的確に提供される体制の確立
2　社会的自立を促進するために	障害の特性に応じた教育体制の確保およびその適性と能力に応じて雇用を通じて社会参加できるような施策の展開
3　バリアフリー化を促進するために	道路、駅、建物等生活環境面での物理的な障壁の除去への積極的な取組み
4　生活の質（QOL）の向上を目指して	先端技術を活用し実用的な福祉用具や情報処理機器の開発普及等を推進
5　安全な暮らしを確保するために	地域の防犯・防災ネットワークや緊急通報システムの構築、災害を防ぐための基盤づくりを推進
6　心のバリアを取り除くために	ボランティア活動等、啓発・広報の展開等による障害および障害者についての国民の理解の増進
7　わが国にふさわしい国際協力・国際交流を	ノウハウの移転や経済的支援を行うとともに、各国の障害者や障害者福祉従事者との交流を推進

グループホームやホームヘルパーの配置数について、数値目標を設定し、取組みを具体的に計画できる仕組みが整ったことが特徴です。

2002年に最終年度を迎えた障害者プランはその後、新障害者プラン（2003～2012年）へと引き継がれた

支援費制度の仕組みと問題点

支援費の仕組み

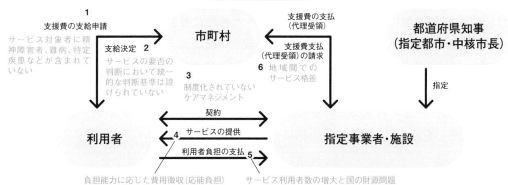

1　支援費の支給申請
サービス対象者に精神障害者、難病、特定疾患などが含まれていない

支給決定　2
サービスの要否の判断において統一的な判断基準は設けられていない

市町村

支援費の支払（代理受領）
支援費支払（代理受領）の請求　6
地域間でのサービス格差

都道府県知事（指定都市・中核市長）

指定

3
制度化されていないケアマネジメント

契約
4　サービスの提供
利用者負担の支払　5

利用者

指定事業者・施設

負担能力に応じた費用徴収（応能負担）　　サービス利用者数の増大と国の財源問題

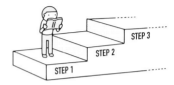

07
障害者制度の発展過程
（障害者自立支援法成立後）

障害者自立支援制度の概要

　2006（平成18）年に施行された障害者自立支援法では、これまで障害種別ごとに異なっていた障害者施策を一元化すること、またサービス体系を利用者本位のもとで一元化することが目指されました。また、支給決定にかかわる「障害程度区分」の導入や支給決定のプロセスが明確に示されたり、就労支援の強化や安定的な財源確保の仕組みがはかられ、サービス量に応じた定率の利用者負担（**応益負担**、上限限度1割）が導入されました。しかし、この利用者負担は、費用負担が重く、結果的にサービス利用を控えてしまうなどの課題が残り、その後の法律改正において抜本的に見直されていくことになります。

障害者総合支援法へ

　障害者自立支援法は2012（平成24）年の改正によって、応益負担から利用者の所得に応じた**応能負担への変更**、発達障害者の位置づけの明記、相談支援の充実などを図り、2013（平成25）年に「障害者総合支援法」へと名称ごと生まれ変わりました。

　この改正における大きなポイントは目的と理念の変更にあります。とりわけ、基本理念においては、障害者（児）への支援は「基本的人権尊重」の理念に則り、障害の有無にかかわらず相互に「共生社会の実現」に向けて、「身近な場所における」支援、「社会参加の機会」、生活に対する主体的な「選択の機会」が確保されるよう「社会的障壁」の除去に資するよう総合的かつ計画的に行われなければならないことが盛り込まれました。

第1章　障害者を支援する際、まず知っておきたいこと

第2章　障害者に関する法制度

第3章　障害者総合支援法

第4章　障害福祉サービスの使い方

第5章　障害福祉サービスの実践事例

第6章　障害者の生活を支える制度

障害者自立支援法のポイント

ポイント	法律による改革
障害者施策を3障害一元化	・3障害の制度格差を解消し、精神障害者を対象に ・市町村に実施主体を一元化し、都道府県はこれをバックアップ
利用者本位のサービス体系に再編	・施設体系を六つの事業に再編し、あわせて、「地域生活支援」「就労支援」のための事業や重度の障害者を対象としたサービスを創設
就労支援の抜本的強化	・新たな就労支援事業を創設 ・雇用施策との連携を強化
支給決定の透明化、明確化	・支援の必要度に関する客観的な尺度(障害程度区分)を導入 ・審査会の意見聴取など支給決定プロセスを透明化
安定的な財源の確保	・国の費用負担の責任を強化(費用の1/2を負担) ・利用者も応分の費用を負担し、皆で支える仕組に

障害者総合支援法の改正ポイント

2013(平成25)年の改正

・法律の名称が変更された。「障害者自立支援法」→「障害者の日常生活及び社会生活を総合的に支援するための法律(障害者総合支援法)」
・法の目的・基本理念の変更
・障害者(児)の範囲の見直し、難病の追加
・サービスの追加と拡大(地域生活支援事業)
・サービス基盤の計画等整備を実施

2014(平成26)年の改正

・障害程度区分を障害支援区分に変更、定義の見直し
・重度訪問介護の対象拡大
・ケアホームとグループホームの一元化等
・地域移行支援の対象拡大

さまざまな変更点があったことから、改正は2回に分けて行われました。

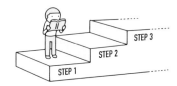

08 障害者権利条約の批准

障害者に関する初の国際条約

国際的には、「障害者の権利宣言」、「国際障害者年」、「障害者に関する世界行動計画」など、差別や排除に関する意識の高まりを受けて、2006（平成18）年、第61回国連総会で、障害者に関する初めての国際条約となる、**「障害者の権利に関する条約（以下、「障害者権利条約」という）」** が採択されました。この条約は、前文と50か条で構成されています。その内容は①条約の原則（無差別、平等、社会への包容等）、②障害者の政治的権利、教育・健康・労働・雇用に関する権利、③社会的な保障、文化的な生活・スポーツへの参加、国際協力等を締約国に対して求めています。そして障害者権利条約の目的は障害のある人が生まれながらにもっている人権や基本的自由を確保し、その人の固有の尊厳を尊重するところにあります。

日本の批准の流れ

「障害者権利条約」の採択を受けてわが国は翌年の2007（平成19）年に署名しました。政府は条約の批准に向けた国内法の整備等を行うため、内閣府に「障がい者制度改革推進本部」を設置し、障害当事者を中心とする「障がい者制度改革推進会議」が開催されました。そして、2011（平成23）年に、まず障害者施策の基本的あり方を規定する「障害者基本法」が改正され、法の目的として人権の尊重、共生社会の実現について明言されました。翌年には、「障害者自立支援法」が「障害者総合支援法」として生まれ変わり、2013（平成25）年には、「障害者差別解消法」の成立、「障害者雇用促進法」の改正がなされました。このように集中的に国内法の整備が行われ、わが国は2014（平成26）年にようやく条約の批准書を国連に寄託、発行しました。

第1章　障害者を支援する際、まず知っておきたいこと

第2章　障害者に関する法制度

第3章　障害者総合支援法

第4章　障害福祉サービスの使い方

第5章　障害福祉サービスの実践事例

第6章　障害者の生活を支える制度

障害者権利条約のポイント

POINT

「障害」は障害者ではなく社会がつくり出しているという「社会モデル」の考え方に立っている

「障害者権利条約」批准までの道のり

障害者権利条約ができるまでの国連の動き		障害者権利条約批准までのわが国の道のり
知的障害者の権利宣言を採択	1971	
障害者の権利宣言が採択される	1975	—— ノーマライゼーション理念の浸透
国際障害者年が決議される	1976	
国際障害者年「完全参加と平等」	1981	
障害者に関する世界行動計画が採択される	1982	
国連障害者の10年（1983年〜1992年）——	1987	精神保健法制定
	1990	福祉関係八法改正
「障害者の機会均等化に関する基準規則」が採択される	1993	障害者対策に関する新長期計画の策定 障害者基本法の制定
	1995	精神保健法から精神保健福祉法への改正 障害者プラン〜ノーマライゼーション7か年戦略
	1997	社会福祉基礎構造改革
「障害者の権利及び尊厳を保護・促進するための包括的・総合的な国際条約」決議が採択	2001	
	2003	支援制度の導入
アドホック委員会での検討 障害者権利条約採択	2006	障害者自立支援法施行
	2007	障害者権利条約に署名
障害者権利条約が発効	2008	
	2011	障害者基本法の改正
	2012	障害者総合支援法の成立
	2013	障害者差別解消法の成立と 障害者雇用促進法の改正
	2014	条約の批准書を国連に寄託、発効

国内法令の整備

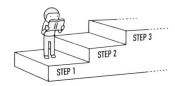

09

障害者基本計画と
障害（児）福祉計画

二つの計画の違い

障害者基本計画と障害（児）福祉計画は混同されやすいのですが、背景にある法律が異なる全く別のものであり、障害者施策の最も基本的な計画である障害者基本計画を具体的に落とし込んでいくのが障害（児）福祉計画となります。

障害者基本計画

障害者基本計画は、「障害者基本法」の第11条に基づいて策定され、政府が策定するものが「障害者基本計画」、都道府県、市町村は「障害者計画」をそれぞれ策定する義務があります。都道府県や市が策定する場合、それぞれに呼称が異なる場合があります。**政府は「障害者基本計画」として①基本的な方針、②重点的に取り組むべき課題、③分野別施策の基本的方向、④推進体制等を詳細に示しています。**第４次計画（2018年度〜2022年度）は日本が障害者権利条約を批准した後に初めて策定される障害者基本計画ということもあり、条約との整合性を取るための内容となっています。

障害（児）福祉計画

障害（児）福祉計画とは「障害者総合支援法第88条および第89条および児童福祉法第33条の20および22」の規定に基づき、**障害福祉サービス等の提供体制及び自立支援給付等の円滑な実施を確保することを目的**として、作成されるもので、身体的な数値目標等も設定されます。厚生労働大臣による基本指針では、障害（児）福祉計画の計画期間を３年としており、これに即して、都道府県・市町村は３年ごとに障害（児）福祉計画を作成しています。

障害者基本計画と障害（児）福祉計画の違い　図

所管も根拠法も
異なります。

障害者基本計画と障害（児）福祉計画

	障害者基本計画	障害福祉計画／障害児福祉計画
所管	内閣府	厚生労働省
法律	・障害者基本法第11条第1項〜第3項	・障害者の日常生活及び社会生活を総合的に支援するための法律（障害者総合支援法）第88条及び第89条 ・児童福祉法第33条の20及び第33条の22
策定義務	国（政府） 都道府県 市町村	都道府県 市町村
現在の計画と期間	第4次計画 2018年度〜2022年度の5年間	第6期障害福祉計画 第2期障害児福祉計画 2021年度〜2023年度の3年間
内容	障害者の自立および社会参加の支援等のための施策の総合的かつ計画的な推進を図るために策定されるものであり、政府が講ずる障害者のための施策の最も基本的な計画として位置付けられる 施策を11の分野に整理し、それぞれの分野について、本基本計画の対象期間に政府が講ずる施策の基本的な方向を示している	障害者・障害児の地域生活を支援するためのサービス基盤整備等に係る数値目標を設定するとともに、障害福祉サービス等（障害福祉サービス、相談支援並びに市町村および都道府県の地域生活支援事業）および障害児通所支援等（障害児通所支援および障害児入所支援並びに障害児相談支援）を提供するための体制の確保が計画的に図られるようにすることを目的としている

障害者基本計画は障害者のための施策に関する基本的な事項を定めています。

その計画のなかの「生活支援」にかかわる事項中、障害福祉サービスに関する3年間の実施計画が障害（児）福祉計画です。

第1章　障害者を支援する際、まず知っておきたいこと

第2章　障害者に関する法制度

第3章　障害者総合支援法

第4章　障害福祉サービスの使い方

第5章　障害福祉サービスの実践事例

第6章　障害者の生活を支える制度

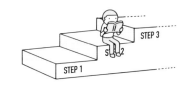

10

現代の問題①
障害者の高齢化問題と地域包括ケアシステム

障害者の高齢化問題

わが国は2007（平成19）年に高齢化率21％を越え**「超高齢化社会」**に突入しました。そして目前に**2025年問題**が迫っています。2025年問題とは、団塊の世代（1947（昭和22）年〜49（昭和24）年生まれ）が2025（令和7）年に75歳以上の後期高齢者になることで、ますます社会保障費（医療、福祉）が増大するなど、さまざまな影響が懸念されています。

障害者の高齢化も例外ではなく、一緒に暮らしてきた親の介護問題や親亡き後の問題、本人の高齢化に伴う要介護の問題などが出てきました。今後、高齢障害者の生活を守るためには、障害福祉サービスのみならず高齢障害者の介護保険サービスの円滑な利用が課題となり、**障害と介護の両方をまたぐ施策や相談の充実**が求められています。

障害者と地域包括ケアシステム

地域包括ケアシステムとは、重度の要介護状態となっても住み慣れた地域で自分らしい暮らしを人生の最後まで続けることができるよう、住まい・医療・介護・予防・生活支援が一体的に提供される体制のことです。

高齢化の進行状況は地域によって大きな差があります。そのため保険者である市町村や都道府県が、地域の自主性や主体性に基づき、地域の特性に応じて体制をつくり上げていくことが重要です。超高齢化を背景として誕生した地域包括ケアシステムは、誰もが支え合う共生社会の実現を目指して、高齢者のみならず、障害者や子どもを含む地域包括ケアシステムへと深化し、現在では精神障害者の長期入院問題の解決を目指して**「精神障害にも対応した地域包括ケアシステム」**の構築が推進されています。

第 1 章　障害者を支援する際、まず知っておきたいこと

第 2 章　障害者に関する法制度

第 3 章　障害者総合支援法

第 4 章　障害福祉サービスの使い方

第 5 章　障害福祉サービスの実践事例

第 6 章　障害者の生活を支える制度

2025年問題

2025年には、国民の4人に1人が75歳以上に。

75歳以上（後期高齢者）の
人口推移　　　　　　　　約2200万人

約1800万人

約100万人

1950年　　2018年　　2025年

高齢者が増加すると

・労働力人口の減少
・医療崩壊（人材不足）
・介護崩壊（人材不足）
・社会保障費の増大

社会保障費が増大し、
ますます現役世代の
負担が重くなる。

社会保障費

精神障害にも対応した地域包括ケアシステムの推進

それぞれ加算が新設されるなどしました。
例：ピアサポート体制加算
　　　　　　　　　等

1
自立生活援助
における夜間の
緊急対応・電話相談
の評価

3
精神障害者の
可能な限り早期の
地域移行支援
の評価

5
居住支援法人・
居住支援協議会と
福祉の連携
の促進

2
地域移行支援
における地域移行
実績のさらなる
評価

4
精神保健医療と
福祉の連携
の促進

6
ピアサポートの
専門性の評価

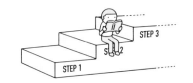

11

現代の問題②
障害者の8050問題

80代の親と50代の子が抱える問題

　超高齢化社会の日本は、80代の親の介護と50代の子の「ひきこもり」という8050問題を抱えています。内閣府の「生活状況に関する調査報告書（平成30年度）」によれば、40～64歳までの「広義のひきこもり」に該当する人は、推計数で61.3万人です。また、80代の親の介護問題をきっかけに初めて、50代の子のひきこもりが発見されるなど、**「ひきこもり」は表面化しにくいという問題**があります。かつては「ひきこもり」といえば、思春期、青年期の若者に多い印象がありましたが、20代でひきこもりはじめた人が就職や人間関係などで悩み続けた結果、高齢化し50代に差しかかっているケースも少なくありません。

障害者とひきこもり

　障害との関係でいえば、障害者であるから「ひきこもる」というわけではありません。しかし、障害が生活に影響を及ぼすことで自信を失い、その結果「ひきこもる」こともあれば、長く「ひきこもった」のちに、相談につながって初めて精神障害や発達障害が認められることもあります。

　市町村の「自立相談支援機関」ではさまざまな相談の方法や訪問活動（アウトリーチ支援）を展開しています。また、都道府県の「ひきこもり地域支援センター」はその後方支援を担っています。ひきこもりの解決には地域のさまざまな資源が連携・協働する包括的な支援が欠かせません。

　なお、2021（令和3）年の障害福祉サービス報酬改定によって地域生活支援拠点等の整備の促進や機能の充実、雇用の促進が目指されています。

第1章　障害者を支援する際、まず知っておきたいこと

第2章　障害者に関する法制度

第3章　障害者総合支援法

第4章　障害福祉サービスの使い方

第5章　障害福祉サービスの実践事例

第6章　障害者の生活を支える制度

ひきこもりの定義

趣味の用事のときだけ外出する

近所のコンビニなどには出かける

自室からは出るが家からは出ない

自室からほとんど出ない

または

かつ、その状態が6か月以上継続している

準ひきこもり　24.8万人

狭義のひきこもり　36.5万人

広義のひきこもり　推計61.3万人

ひきこもり支援施策のイメージ

企業、商店

ハローワーク

家族会、当事者会

NPO法人

社会福祉法人

家族に対する相談や講習会

就労に限らない多様な社会参加

参加しやすい安心できる居場所

地域若者サポートステーション

民生委員

本人・家族

ひきこもりサポーターによる支援

アウトリーチ支援

保健所等

・来所相談
・電話相談
・オンライン相談

・来所相談
・電話相談
・オンライン相談

ひきこもり地域支援センター
（都道府県単位）

後方支援

社会福祉協議会

自立相談支援機関
（市町村）

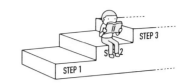

12

現代の問題③
触法障害者・高齢者に対する支援施策

触法障害者・高齢者の抱える問題

　触法障害者とは、「罪を犯した障害のある人」を指します。2016（平成28）年の矯正統計調査「新受刑者の罪名別　能力検査値」によると、新規受刑者の約２割の検査値が知的障害（ＩＱ69以下）の範囲に該当し、さらに何らかの支援が必要になる可能性のある範囲にある人（ＩＱ79以下）を含めると、新規入所者全体の約４割に達します。この人たちは、ひょっとしたら福祉的支援があれば犯罪にかかわらなかったかもしれません。また、2007（平成19）年〜 2016（平成28）年までの在所受刑者の総数は減少していますが、**70歳以上の在所受刑者は増加しています**。

　触法障害者に対する一般社会の風当たりはいまだに強く、刑を終えてからの地域社会への復帰が困難な上に、特に高齢の触法障害者となると帰る家や身元引受人がいない場合もあり、矯正施設が終の棲家となってしまう現実や居場所がないために、また刑務所に戻ろうと同じ犯罪を繰り返す現実があります。この問題は司法だけで解決できず福祉との連携が今後ますます重要となります。

触法障害者・高齢者への支援施策

　2008（平成20）年、触法障害者の社会復帰支援を目指し、厚生労働省と法務省が共同事業として、**「地域生活定着支援事業」**を開始しました。まさに福祉と司法の協働です。そして、2011（平成23）年には、支援の中心となる**「地域生活定着支援センター」**が全都道府県で設置されました。「地域生活定着支援センター」は、福祉的支援が必要な刑務所出所者に対し地域機関と連携して入所中から出所後までの相談支援をしています。

触法障害者・高齢者　図

第1章　障害者を支援する際、まず知っておきたいこと

第2章　障害者に関する法制度

第3章　障害者総合支援法

第4章　障害福祉サービスの使い方

第5章　障害福祉サービスの実践事例

第6章　障害者の生活を支える制度

年代別被収容者（在所受刑者）数の推移

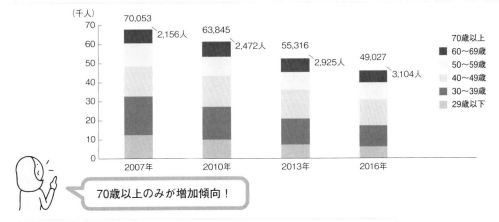

70歳以上のみが増加傾向！

触法障害者・高齢者の問題と地域生活定着支援センターの役割

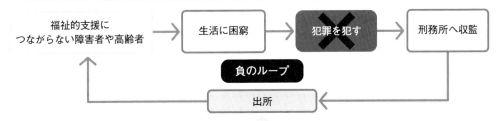

福祉的支援につながらない障害者や高齢者 → 生活に困窮 → 犯罪を犯す → 刑務所へ収監

負のループ

出所

ここにアプローチ

あっせん・引継ぎ

事前審査　　　　　　　　　　　助言・支援

利用相談

司法機関
・矯正施設（刑務所、少年院）
・保護観察所
・更生保護施設

地域生活定着支援センター

連携

福祉事業者
・グループホーム
・障害者支援施設
・日中活動支援事業所
・相談支援事業所
・就業・生活支援センター
・地域包括支援センター
・介護保険施設
・居宅介護事業所　等

関係機関
・医療機関　　　　　　・保護司会
・職業センター　　　　・自立支援協議会等
・弁護士会　　　　　　・ハローワーク
・社会福祉協議会　等

支援対象者
①高齢、または身体障害、知的障害、精神障害があると認められる人
②矯正施設退所後の住居がない人
③矯正施設退所後に自立生活を営む上で、福祉サービスを受けることが必要である人
④地域生活定着支援センターの支援を希望している人

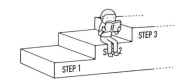

13

現代の問題④
感染症や災害への対応

障害者と感染症

　障害福祉施設や障害福祉サービスは、障害者や家族等の日々の生活を支える存在ですが、新型コロナウイルス感染症の広がりによって多くの課題を抱え、さまざまな対応を迫られました。そのため、厚生労働省は、2020（令和2）年、新型コロナウイルス感染症の流行を受けて、障害者福祉施設等に向け**「感染対策マニュアル及び業務継続ガイドライン」**を作成し公開しています。

　しかし、障害者施設や精神科病院でクラスターが発生した際、障害に対する偏見や差別が原因で治療のための入院先が見つからなかったり、ワクチン接種の同意がとれないなど、障害者の感染症対策には、さまざまな課題があります。

障害者と災害

　近年の災害における障害者や高齢者の被害は深刻です。NHKの調査によれば、東日本大震災では、亡くなった方のうち半数以上（56.5%）が高齢者で、障害者の死亡率は全住民平均の2倍に上ったとのことでした。そこで国は2013（平成25）年に災害対策基本法を改正し、**「避難行動要支援者名簿」**の作成を市町村に義務づけました。しかし、この「避難行動要支援者名簿」が作成されても、2019（令和元）年の台風19号の災害で多くの障害者が被害に遭うなど実効性の弱さが指摘されました。そこで2021（令和3）年、**個別避難計画**の作成が努力義務化され、また、同年の障害福祉サービス報酬改定においても感染症や災害への対応力強化を図る観点から、感染症対策や業務継続に向けた取組み、災害に当たっての地域と連携した取組みを強化することがあげられました。

第1章 障害者を支援する際、まず知っておきたいこと

第2章 障害者に関する法制度

第3章 障害者総合支援法

第4章 障害福祉サービスの使い方

第5章 障害福祉サービスの実践事例

第6章 障害者の生活を支える制度

障害者・高齢者に関する感染症の課題

感染やクラスターが発生しやすい環境

・閉鎖病棟の多い精神科病院では、ひとたび感染者が出るとクラスター化しやすい
・知的障害者や認知症高齢者などマスクの必要性を理解できない場合がある
・身体障害により手洗いが容易ではない場合がある

ワクチン接種の同意が得られない

・本人は同意能力なく、家族へ確認するが連絡がとれず、同意を得ることが困難
・成年後見人からの同意がとれない
・身寄りのいない認知症高齢者からの同意を得ることができない

福祉サービス事業所の運営上の課題

・感染へのおそれから施設利用を差し控える
・身体接触を伴う直接支援の困難さ（特に重度障害者・高齢者）
・外出を伴う活動などの縮小による支援の質への影響
・クラスターに伴う差別や偏見への対応
・クラスターによる事業所の閉鎖とその間の支援

家族感染による本人の生活の場への影響

・家族が感染した場合の本人の預かり先の検討
・家族の感染、または経済的困窮による本人の生活への影響

避難行動要支援者名簿と個別避難計画

名簿作成の対象例
・65歳以上の単身者および70歳以上のみの世帯の人
・介護保険法における要介護度3以上の認定者
・重度障害のある人　など

避難行動要支援者名簿

・氏名
・生年月日
・性別
・住所
・電話番号
・避難支援等を必要とする事由
・生命を維持するために必要な機器利用の有無
・自治会名

個別避難計画

災害時に迅速かつ適切な避難を行うため、あらかじめ避難の計画を立てておくもの

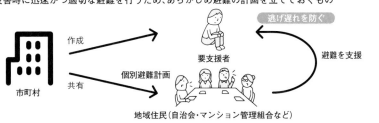

市町村　作成　個別避難計画　共有　要支援者　逃げ遅れを防ぐ　避難を支援　地域住民（自治会・マンション管理組合など）

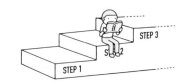

14

現代の問題⑤
テクノロジーの活用

テクノロジーの発展と障害者

　近年、IoT、AI、ロボット、ICT の活用によって暮らしはますます便利になり、さまざまな分野で効率化、合理化が進められています。しかしテクノロジーの開発が進むことで、失われる職業が出てくるともいわれ、過度な効率化による失業の増加などの懸念も生まれています。私たち人間にとって代わるテクノロジーではなく、人と共存し、人の暮らしを豊かにするテクノロジーが望まれます。障害者の暮らしにおいても同様で、**障害者の尊厳や文化が保たれつつ生活上の困難さや障壁を取り除くテクノロジーが期待されます。**そのためにも開発段階から障害者の声やニーズを反映させる必要があります。

障害者にも支援者にも寄り添うテクノロジー

　2020（令和2）年、自宅にいながらロボットを操作して、カフェで接客を行うことができる技術が開発され話題になりました。このように重度肢体障害や難病など、障害によって外出が困難な人が自宅にいながら働くことができる仕組みができれば、社会参加や雇用の機会は増えていくでしょう。またテクノロジーは障害者の雇用の創出だけでなく、ロボット介護機器による支援者の業務負担の軽減にも活用され始めています。厚生労働省は2020（令和2）年度、障害者支援施設事業者等が介護ロボット等の導入を支援することを目的に「障害福祉分野におけるロボット等導入支援事業」を開始しています。また支援者側の負担軽減と業務効率化のために2021（令和3）年の障害福祉サービス報酬改定において ICT 活用（委員会や会議、対面で提供する必要のない支援について、テレビ電話装置等を用いた対応）を推奨し加算等が新設されました。

第1章　障害者を支援する際、まず知っておきたいこと

第2章　障害者に関する法制度

第3章　障害者総合支援法

第4章　障害福祉サービスの使い方

第5章　障害福祉サービスの実践事例

第6章　障害者の生活を支える制度

テクノロジーとは

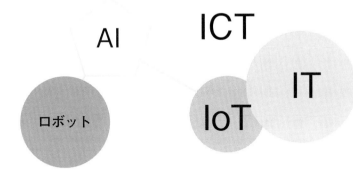

AI

ICT

IoT

IT

ロボット

ICTとは「Information and Communication Technology（インフォメーション アンド コミュニケーション テクノロジー）」の略で、情報コミュニケーション技術、情報通信技術のこと

ITとは「Information Technology（インフォメーション テクノロジー）」の略

IoTとは「Internet of Things（インターネット オブ シングス）」の略で、「さまざまな物がインターネットにつながること」「インターネットにつながるさまざまな物」を指している

AIとは「Artificial Intelligence（アーティフィシャル　インテリジェンス）」の略で人工知能のこと

障害者・高齢者・支援者に寄り添うテクノロジー

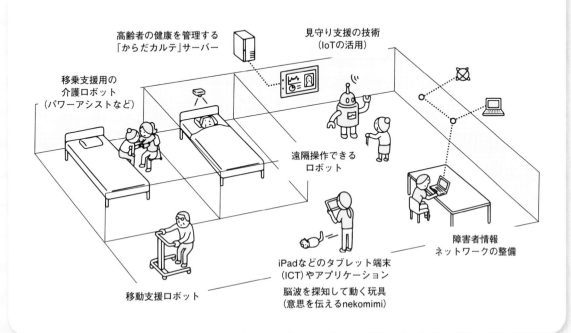

高齢者の健康を管理する「からだカルテ」サーバー

見守り支援の技術（IoTの活用）

移乗支援用の介護ロボット（パワーアシストなど）

遠隔操作できるロボット

障害者情報ネットワークの整備

iPadなどのタブレット端末（ICT）やアプリケーション

脳波を探知して動く玩具（意思を伝えるnekomimi）

移動支援ロボット

第 1 章参考文献

- 内閣府「障害者白書　令和 3 年版」
- 平成29年内閣府「障害者に関する世論調査」
- 令和元年「医療施設(動態)調査・病院報告の概況」
- 国立障害者リハビリテーションセンター「発達障害」
- 内閣府「障害者プラン〜ノーマライゼーション 7 か年戦略〜(概要)」
- 厚生労働省「障害者自立支援制度のポイント」
- 外務省「障害者権利条約」
- 内閣府「障害者施策の総合的な推進−基本的枠組み−」
- 厚生労働省「第 6 期障害福祉計画・第 2 期障害児福祉計画の概要」
- 厚生労働省「介護保険制度と支援費制度」
- 厚生労働省「第 5 回報酬改定検討チーム日本医師会提出資料」
- 厚生労働省「ひきこもり支援推進事業」
- 厚生労働省「地域生活定着促進事業」
- 矯正統計2018年調査「[被収容者]年末在所受刑者の年齢」
- 厚生労働省「令和 3 年度障害福祉サービス等報酬改定における主な改定内容」令和 3 年 2 月 4 日
- 公益社団法人日本精神科病院協会「新型コロナウイルス感染症対応状況及びワクチン接種状況に関する調査報告」
- 厚生労働省社会・援護局障害保健福祉部障害福祉課「『障害福祉分野におけるロボット等導入支援事業(令和 2 年度第三次補正予算分)』(令和 3 年度への繰越分)の国庫補助について(追加協議)(依頼)」

障害者に関する法制度

01

障害者基本法

障害者に関する法律の基礎となる法律

　障害者基本法は、1970（昭和45）年に成立した心身障害者対策基本法を前身として、1993（平成５）年に同法の改正法として制定されたものです。障害者に関する法律としては身体障害者福祉法や知的障害者福祉法などが戦後に登場していますが、あくまでもそれぞれの障害分野に特化をしたもので、横のつながりは薄いものでした。障害者基本法は、障害の有無にかかわらず、すべての国民が、等しく個人として尊重され、社会生活を送れるための施策（例えば、障害者総合支援法など）にかかわる基本原則等を示したものとなっています。そのため、**障害者基本法は、障害者福祉に関する法律のベース**となる、非常に重要な法律といえます。

共生社会の実現を向けて

　もともとは、前述のとおり、心身障害者対策基本法として制定されていましたが、当時は法律名のとおり身体障害と知的障害を対象とし、精神障害は含まれておらず、障害者基本法に改正された際に**法律の対象として精神障害も追加**されました。また障害者基本計画の策定を国に求めている点も画期的でした。

　その後、障害者の自立や社会参加を一層促進するために、これまで２回の改正が行われています。2004（平成16）年改正では、障害者差別の禁止、都道府県や市町村における障害者計画の策定義務化が盛り込まれ、2011（平成23）年改正では、国連の障害者権利条約の考え方を加え、また、地域社会における共生についての考え方が盛り込まれました。

第1章　障害者を支援する際、まず知っておきたいこと

第2章　障害者に関する法制度

第3章　障害者総合支援法

第4章　障害福祉サービスの使い方

第5章　障害福祉サービスの実践事例

第6章　障害者の生活を支える制度

障害者関連の基本的な法律

発達障害者
支援法
（2004）

精神保健
福祉法
（1995）

障害者
総合支援法
（2013）

障害者基本法
（1970）

児童福祉法
（1947）

知的障害者
福祉法
（1960）

身体障害者
福祉法
（1949）

障害者福祉に関する
法律のベース

障害者基本法の成立と主な改正ポイント

| 1970年 | ・**心身障害者対策基本法**が成立 |

この改正で対象に
精神障害を追加

1993年改正
・心身障害者対策基本法から**障害者基本法**へ改正
・国際障害者年の完全参加と平等の考え方を追加
・障害者基本計画の策定義務、都道府県・市町村障害者計画の
　策定努力義務の規定

2004年改正
・基本的理念に**障害者差別禁止**についての規定を追加
・1993年改正時につくられた障害者の日を障害者週間に改定
・都道府県・市町村障害者計画の策定義務化

難病などはここに
含まれます。

2011年改正
・**共生社会の実現**について明文化
・障害者の定義に、広く「その他の心身の機能の障害」も含むことを明記
・障害者の要件として、継続的に日常生活または社会生活に
　相当な制限を受ける原因として、「障害」に加えて**「社会的障壁」**を追加

02
身体障害者福祉法

身体障害者の社会参加促進をめざす

身体障害者福祉法は、身体障害者の自立と社会経済活動への参加を促進すべく、必要な援助と保護を行い、**身体障害者の福祉の増進を図るための法律**です。障害者福祉に関する法律としては最も早い1949（昭和24）年に制定されました。国や自治体は自立と社会経済活動の参加促進をするための取組みを行うことが求められており、そのために必要な制度が整理されています。規定されている内容としては、身体障害者の定義や、身体障害者支援のための基幹施設となる身体障害者更生相談所、障害者総合支援法に規定されていない身体障害者社会参加支援施設などの身体障害者のために特化した制度、**身体障害者手帳**のほか、社会参加促進のための事業として、製造たばこの小売販売業の許可などもあります。

身体障害者を保護するための措置制度

身体障害者は身体障害者手帳の交付を受けた18歳以上のものとされており、18歳未満の場合は、児童福祉法によって対応することになっています。身体障害というと肢体不自由や視覚、聴覚障害が想像されると思いますが、近年では心臓などの臓器や免疫機能による内部障害も増えています。また、高齢化に伴い、現在は身体障害者のうち70%以上が65歳以上となっていることも特徴といえるでしょう。

また、障害者総合支援法の制度は基本的に申請主義となっていますが、身体障害者福祉法には、市町村は虐待を受けた障害者の保護等、**やむを得ない事由の際に、障害福祉サービスを実施している施設への入所・入院をさせることができる措置制度**が規定されています。

身体障害者福祉法と社会参加支援施設　図

身体障害者福祉法の目的と身体障害者の定義

目的	この法律は、障害者総合支援法と相まって、身体障害者の自立と社会経済活動への参加を促進するため、身体障害者を援助し、および必要に応じて保護し、もって身体障害者の福祉の増進を図ること

1949年制定で

身体障害者手帳を
交付する法律です。

対象者	身体障害者福祉法第4条別表に掲げる身体上の障害がある18歳以上の者で、都道府県知事から身体障害者手帳の交付を受けた者

身体障害者手帳	・それぞれの状態に応じて身体障害者障害程度等級表に基づき1級から7級まで区分され、この内、身体障害者手帳に記載されるのは6級までとされており、7級単独では交付されない。ただし、7級の障害が二つ以上ある場合は、合わせて6級として認定 ・種別により、以下のとおり設定等級に違いがある

視覚障害	1〜6級
聴覚障害	2〜4、6級
平衡機能障害	3、5級
音声機能、言語機能または咀嚼機能の障害	3〜4級
肢体不自由	1〜7級
心臓、腎臓、呼吸器、膀胱または直腸、小腸の機能障害	1、3〜4級
ヒト免疫不全ウイルスによる免疫機能、肝臓の機能障害	1〜4級

身体障害者社会参加支援施設

盲導犬訓練施設

盲導犬および盲導犬利用に
かかわる訓練の実施

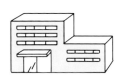

身体障害者福祉センター

機能訓練、
レクリエーションの提供など

補装具製作施設

補装具の作成、
修理

視聴覚障害者情報提供施設

点字物等の製作、点訳、
手話通訳者の養成・派遣

第1章　障害者を支援する際、まず知っておきたいこと

第2章　障害者に関する法制度

第3章　障害者総合支援法

第4章　障害福祉サービスの使い方

第5章　障害福祉サービスの実践事例

第6章　障害者の生活を支える制度

03

知的障害者福祉法

援助と保護を一体的に実施する

　知的障害者福祉法は、知的障害者を援助するとともに必要な保護を行い、知的障害者の福祉を図るための法律です。1960（昭和35）年に「精神薄弱者福祉法」として制定、1998（平成10）年に現在の法律名に改称されました。身体障害者福祉法と同様、以前は知的障害者に対する施設も規定されていましたが、障害者自立支援法制定時に削除され、現在は市町村、都道府県の業務内容や都道府県の基幹組織となる知的障害者更生相談所や知的障害者福祉司等の知的障害にかかわる専門職、入所措置制度について規定されています。なお、知的障害者の手帳制度である**療育手帳**については、知的障害者福祉法では規定がなく、厚生事務次官通知を根拠につくられているため、**自治体によって名称や基準が異なる**ことに注意が必要です。

知的障害者の定義

　知的障害者の定義も知的障害者福祉法では規定されていません。精神薄弱者福祉法制定時に、定義についての検討もなされたのでしょうが、定義を決めるためには、当然根拠のある判定基準が必要となります。当時はその基準がなかったことなどが理由となって、定義条項が規定されなかったのではないか、とされています。なお、厚生労働省の知的障害児（者）基礎調査では知的障害を「知的機能の障害が発達期（おおむね18歳まで）にあらわれ、日常生活に支障が生じているため、何らかの特別の援助を必要とする状態にあるもの」と定義しており、ウェクスラー式知能検査などの標準化された知能検査によって測定された知能指数（ＩＱ）が70以下であること、自立・運動機能や意思交換など日常生活能力の水準がどの程度か、によって判断をすることとなっています。

第1章　障害者を支援する際、まず知っておきたいこと

第2章　障害者に関する法制度

第3章　障害者総合支援法

第4章　障害福祉サービスの使い方

第5章　障害福祉サービスの実践事例

第6章　障害者の生活を支える制度

知的障害者福祉法の内容

知的障害者の自立への努力および機会の確保

入所措置規定

国・地方公共団体・国民の責務

知的障害者福祉法

知的障害者福祉司等の専門職規定

市町村・都道府県の役割

知的障害者更生相談所

 手帳制度の規定はありません。

どちらも相談所内だけでなく、巡回しての相談支援等を行うことが可能となっている

知的障害者更生相談所および身体障害者更生相談所の役割

	知的障害者更生相談所	身体障害者更生相談所
業務内容	(1) 知的障害者に関する専門的な知識および技術を必要とする相談および指導業務 (2) 知的障害者の医学的、心理学的および職能的判定業務 (3) 市町村が行う援護の実施に関し、市町村に対する専門的な技術的援助および助言、情報提供、市町村相互間の連絡調整、市町村職員に対する研修、その他必要な援助並びにこれらに付随する業務 (4) 地域生活支援の推進に関する業務	(1) 身体障害者に関する専門的な知識および技術を必要とする相談および指導業務 (2) 身体障害者の医学的、心理学的および職能的判定並びに補装具の処方および適合判定業務 (3) 市町村が行う援護の実施に関し、市町村に対する専門的な技術的援助および助言、情報提供、市町村相互間の連絡調整、市町村職員に対する研修、その他必要な援助およびこれらに付随する業務 (4) 地域におけるリハビリテーションの推進に関する業務
法で規定された必置職とその業務内容	知的障害者福祉司	身体障害者福祉司
	市町村等に対する専門的な技術的援助および助言や情報提供、市町村間の連絡調整、市町村職員に対する研修の企画運営等を担当すること	

04

精神保健福祉法

精神科医療と精神障害者福祉を両輪とした法律

精神保健福祉法は、精神障害者の医療・保護、社会復帰の促進、自立への援助などを行い、福祉の増進と国民の精神的健康の向上を図るための法律です。また**法律の対象が精神障害者のみではなく、広く国民全体としている**ところに特徴があります。精神障害に対する法律は、古くは1900（明治33）年の精神病者監護法まで遡ることができますが、あくまで病者として取り扱われ、福祉的な支援策はありませんでした。結果、精神障害者の社会復帰のための施設が法制化されるのは、1987（昭和62）年の精神保健法まで待たなければなりませんでした。

時勢に合わせた法改正が続いていく

その後、障害者基本法の制定を受け、1995（平成7）年の改正で精神保健福祉法に改称されました。この際に**精神障害者保健福祉手帳**の創設、社会適応訓練事業の法定化、市町村の役割などが記されますが、その後も法改正は続きます。1999（平成11）年の改正では、家族に大きな負担を課していた保護者に対する自傷他害防止監督義務規定の削除や、現在の地域活動支援センターの原型となった地域生活支援センターの創設、各種申請窓口を保健所から身近な機関である市町村へ変更がされています。直近の2013（平成25）年改正では、保護者制度の廃止による医療保護入院制度の見直し、退院後生活環境相談員の設置や退院促進のための整備など、退院後の生活移行がスムーズに行われるように変わりました。

精神保健福祉法

戦前〜

精神病者監護法
精神病院法

1950年

精神衛生法

精神障害者に対する人権問題の表面化

1987年
精神衛生法からの改正

精神保健法

福祉の内容を盛り込んだものに

1995年
精神保健法からの改正
精神保健福祉法

1995年に現在の名称に改正しました。

精神保健福祉法の内容

医療

入院制度
通報制度
指定医制度

精神保健福祉センター
精神医療審査会

福祉

精神障害者保健福祉手帳
社会復帰促進センター

医療と福祉を両輪とする法律

POINT

身体・知的障害者福祉法との大きな違いは、精神科医療についても規定がされていること

精神保健福祉法の対象

精神障害者、精神病者のみを対象とするのではなく、国民全体の精神的健康の保持増進を目的としている！

精神障害者福祉の対象

精神障害者

精神科医療の対象

精神病者

精神保健の対象

国民全体

第1章　障害者を支援する際、まず知っておきたいこと

第2章　障害者に関する法制度

第3章　障害者総合支援法

第4章　障害福祉サービスの使い方

第5章　障害福祉サービスの実践事例

第6章　障害者の生活を支える制度

精神保健福祉法による入院制度

状況に応じて異なる入院形態

　先述のとおり、精神保健福祉法には精神科医療についても規定がされています。ここでは入院に関する内容をみていきましょう。

　精神科における入院で、他科との大きな違いは「入院に対する同意」に関する部分です。一般科の場合は、原則的に本人の同意によって入院がなされ、精神科でも「任意入院（本人同意による入院）」を基本としています。しかし、精神症状により、同意が取れないことも少なくなく、その場合、本人の意思によらず入院させることができる「医療保護入院」や「措置入院」などの措置がとられることになります。いずれも、本人の意志によらない入院という形態上、**人権に対して十分な配慮が必要**となることから、精神保健指定医によって行われることが原則となります。

安心して地域で生活ができるように

　その後、精神科病院の退院促進が進むにつれ、状態が悪化した際の救急医療体制も大きな課題となりました。そのため、精神科救急医療体制の整備のために、緊急を要する場合に指定医に変わり一定の要件を満たす病院に限り、一定の精神科の経験を有する医師を特定医師として、12時間のみという期限付きで医療保護入院、応急入院ができる体制がとられています（2005（平成17）年改正より）。

　以前より精神科は症状のみならず、退院後の受け入れ先の問題等により、長期入院になりやすく、現在でも何十年と入院を続けている人が少なくありません。**安心して地域で暮らしていくためにも、それを支える医療・福祉制度は重要**です。適切な治療と合わせて制度整備や医療機関の努力により、長期入院させないための方策を、今後も実施し続けていくことが望まれます。

精神科の入院制度　図

第1章　障害者を支援する際、まず知っておきたいこと

第2章　障害者に関する法制度

第3章　障害者総合支援法

第4章　障害福祉サービスの使い方

第5章　障害福祉サービスの実践事例

第6章　障害者の生活を支える制度

精神保健福祉法における入院形態例

入院途中であったとしても、必要に応じて入院形態の変更は行われます。

	対象	要件
任意入院	入院を必要とする精神障害者で、入院について、本人の同意がある者	なし
医療保護入院	入院を必要とする精神障害者で、自傷他害のおそれはないが、任意入院を行う状態にない者	精神保健指定医（または特定医師）の診察および家族等のうちいずれかの者の同意が必要 **家族等の範囲については下図のとおり**
措置入院	入院させなければ自傷他害のおそれのある精神障害者	精神保健指定医2名の診断の結果が一致した場合に都道府県知事が措置
応急入院	入院を必要とする精神障害者で、任意入院を行う状態になく、急速を要し、家族等の同意が得られない者	精神保健指定医（または特定医師）の診察が必要であり、入院期間は72時間（特定医師の場合12時間）以内に制限される

家族等の範囲

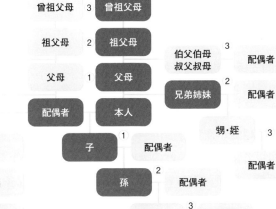

POINT

家族等とは、配偶者、未成年の親権者、扶養義務者、後見人、保佐人を指します。このうち扶養義務者は、直系血族および兄弟姉妹である██████のほか3親等以内の親族のうち家庭裁判所が扶養する義務が発生する審判を受けたものをいう

05 発達障害者支援法

制度の谷間をなくすために法制度化

発達障害者に対する支援は、以前は年齢や症状に応じて児童福祉法や知的障害者福祉法、精神保健福祉法で対応してきましたが、発達障害者そのものに対する法律はなく、制度の谷間にありました。そのため、発達障害支援に対する体制整備をすることが求められるようになり、2004（平成16）年に「発達障害者の自立及び社会参加のためのその生活全般にわたる支援を図り、もって全ての国民が、障害の有無によって分け隔てられることなく、相互に人格と個性を尊重し合いながら共生する社会の実現に資すること」を目的に発達障害者支援法が制定されました。この法律では、今まで障害として見られてこなかった発達障害の定義を確立したことにより、**各種法制度に発達障害を位置づけることができるように**なりました。また、国や自治体、そして国民に対する責務が示されたことにより、発達障害児・者が社会のなかで自分らしく生活するための基盤をつくる体制ができたといえます。

地域における総合的支援体制整備を推進する

発達障害者支援法で設置された「発達障害者支援センター」は、都道府県・指定都市における**発達障害支援の中核的な機関**として重要な役割を果たす施設です。主な役割として、発達障害に対する相談・情報の提供や助言、専門的な発達支援・就労支援、研修の実施、発達障害に関して関係機関等との連絡調整など多岐にわたります。福祉や発達支援のみではなく、医療、教育、就労といった社会生活で必要な多くの領域について、包括的に支援を行うという点や、都道府県等によっては、独自の予算措置で複数箇所設置している点などが特徴です。

第1章 障害者を支援する際、まず知っておきたいこと

第2章 障害者に関する法制度

第3章 障害者総合支援法

第4章 障害福祉サービスの使い方

第5章 障害福祉サービスの実践事例

第6章 障害者の生活を支える制度

発達障害と発達障害者支援センター　図

法制度における発達障害の位置づけ（一部）

「発達障害」の定義が確立したことにより、障害者に関する法制度に発達障害の位置づけが定着

認定調査項目に発達障害の特性に関する項目を追加

	2005年			2016年
障害者基本法	発達障害者支援法施行	2011年 発達障害を位置づけ		改正発達障害者支援法成立
障害者自立支援法／障害者総合支援法		2010年 発達障害を位置づけ	障害者総合支援法 2014年 障害支援区分認定での対応	
児童福祉法		2010年 発達障害を位置づけ		
障害者虐待防止法		2011年 発達障害を位置づけ		
障害者雇用促進法			2013年 発達障害を位置づけ	

※時点については原則として法案の成立時

2016年の改正では、共生社会の実現に向けて、発達障害者支援の充実を図るため、基本理念の明文化などを含めた改正が行われました。

発達障害者支援センターの概要

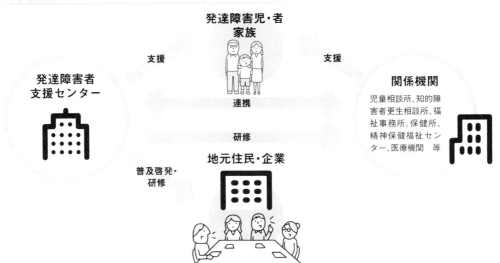

発達障害児・者
家族

発達障害者
支援センター

支援　　　　　支援

連携

関係機関

児童相談所、知的障害者更生相談所、福祉事務所、保健所、精神保健福祉センター、医療機関　等

研修

地元住民・企業

普及啓発・研修

06

医療観察法

心神喪失者等に対する処遇を定めた

　刑法第39条には、「心神喪失者の行為は罰しない、心神耗弱者の行為は刑を減軽する」と定められており、その場合、精神保健福祉法に基づいて治療が行われていました。しかし、2001（平成13）年の大阪池田小学校児童殺傷事件を契機に、医療ではなく、司法の立場で処遇を決める仕組みとして、2005（平成17）年に施行されたのが「心神喪失等の状態で重大な他害行為を行った者の医療及び観察等に関する法律（以下、「医療観察法」という）」です。医療観察法はいわゆる罰則という考えで行われるものではなく、心神喪失もしくは心神耗弱として不起訴、無罪もしくは刑の減刑を受けた者に対して、医療観察法に基づいて入院、通院等の処遇を求め、病状の改善と、それに合わせて**他害行為を再び起こさないように支援し、社会復帰を進めていく**ものです。

医療観察法の要となる社会復帰調整官

　医療観察法の申し立てを行うと、本当に処遇が必要であるかを判断するために鑑定入院、また対象者の生活環境調査を行った上で、裁判官と精神保健審判員による審判を行います。その結果、医療観察法での処遇が必要と判断された場合は、入院もしくは通院処遇に処せられますが、その目的は治療だけではなく、対象者の社会復帰が大きなものとなっています。そのため、地域での支援体制を築くため、医療機関や公的機関、対象者の関係者など、さまざまな人との調整が求められます。それを行う要となるのが、**医療観察法によって保護観察所に設置されることとなった「社会復帰調整官」**です。社会復帰調整官は、申し立てから処遇が終了するまでの期間、精神保健観察、生活環境の調査、関係機関との連携などを行います。

第1章 障害者を支援する際、まず知っておきたいこと

第2章 障害者に関する法制度

第3章 障害者総合支援法

第4章 障害福祉サービスの使い方

第5章 障害福祉サービスの実践事例

第6章 障害者の生活を支える制度

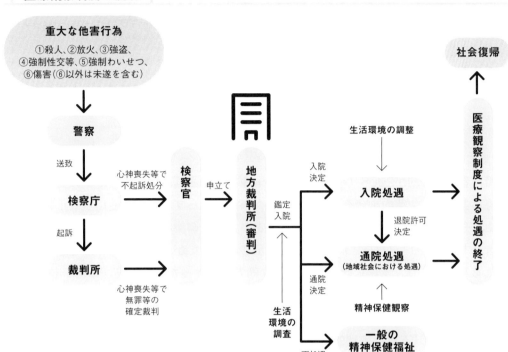

医療観察制度の流れ

重大な他害行為
①殺人、②放火、③強盗、④強制性交等、⑤強制わいせつ、⑥傷害（⑥以外は未遂を含む）

↓

警察

送致 ↓

検察庁

起訴 ↓

裁判所

心神喪失等で不起訴処分 →

心神喪失等で無罪等の確定裁判

検察官 → 申立て → **地方裁判所（審判）**

鑑定入院

生活環境の調査

入院決定 →

通院決定 →

不処遇 →

生活環境の調整 ↓

入院処遇

退院許可決定 ↓

通院処遇（地域社会における処遇）

精神保健観察

一般の精神保健福祉

医療観察制度による処遇の終了 → **社会復帰**

社会復帰調整官

審判過程における **生活環境の調査**

|

生活状況の見守り、指導等を行う **精神保健観察**

社会復帰調整官

退院地の選定・調整やケア体制整備などの **生活環境の調整**

|

地域のスタッフによる **ケア会議の実施**

関係機関相互の連携による継続的な医療とケアの確保を進めていきます。

07 障害者差別解消法

障害者に対する差別をなくすために

障害者権利条約が2006（平成18）年に国連で採択され、わが国ではその翌年に署名を行いましたが、条約を守るための国内法が整っておらず、いくつもの法改正が必要でした。その一つとして障害者差別の問題があります。障害者に対する差別の禁止は、障害者基本法の2011（平成23）年改正でも示されましたが、その時点では理念的に述べられるものであり、実施に対しての明確な効力はなかったことから、2013（平成25）年に「障害を理由とする差別の解消の推進に関する法律（以下、「障害者差別解消法」という）」が制定されました。

この法律は、「**不当な差別的取扱いの禁止**」と「**合理的配慮の提供**」を定めており、これらを守るための具体的な対応のため、基本方針や各事業分野別のガイドラインを策定することになっています。

無理のない範囲で、合理的に行われる配慮

合理的配慮とは、障害のある人から、社会のなかにあるバリアを取り除くために何らかの対応を必要としているとの意思が伝えられたときに、負担が重すぎない範囲で対応することが求められるものです。例えば、エレベーターのないビルのため、車いす利用者が気軽に利用できない、といった場合、解決策の一つとしてエレベーターを設置することが挙げられます。しかし設置には金銭的な負担がかかります。このような重い負担を要するものについては、必ずしも実施することは求められませんが、だからといって、何もしなくてもよい、というものではなく、**対応できる範囲でどのようなことが可能なのか**を十分に検討することが事業者には求められます。

第1章 障害者を支援する際、まず知っておきたいこと

第2章 障害者に関する法制度

第3章 障害者総合支援法

第4章 障害福祉サービスの使い方

第5章 障害福祉サービスの実践事例

第6章 障害者の生活を支える制度

障害者差別解消法の概要

不当な差別的取り扱いの禁止

正当な理由なく障害を理由として差別することの禁止

例：受付対応の拒否
　　入店の拒否
　　本人がいるのに介護者のみに話しかける
　　等

合理的配慮の提供

社会のなかにあるバリアを取り除くために何らかの対応を必要としているとの意志が伝えられたときに負担が重すぎない範囲で対応すること

例：イラスト等を用いた意思疎通の工夫
　　段差がある場合の補助　等

これらを達成するために…

既存の制度を活用した相談・紛争解決

障害者差別解消支援地域協議会など、地域における連携

リーフレットやフォーラムなどによる啓発活動

国内外の差別や差別解消に向けた取り組みなどの情報収集等の実施

平等、公正、環境に対する対応の違い

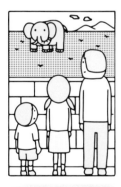

配慮がない状態

平等

公正

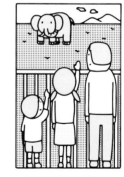

環境

既存のものは公正になるような対策を、新しくつくるものは初めから誰もが使いやすいことを意識することが求められます。

障害者差別解消法の2021（令和３）年改正

施行３年後の見直しが行われた

　障害者差別解消法が施行され、国による取組みのほか、地方公共団体においても独自に差別解消に向けた条例を定めるなど、誰もが暮らしやすい社会をつくっていくために各所でさまざまな取組みが行われてきました。もともと３年経過後、事業者による合理的配慮のあり方その他の施行状況について所要の見直しを行うことが示されており、現在の国内の状況を踏まえ、2021（令和３）年５月に改正され、３年以内に施行されることになりました。改正された内容は、

①国および地方公共団体の連携協力の責務の追加

②事業者による社会的障壁の除去の実施にかかる必要かつ合理的な配慮の提供の義務化

③障害を理由とする差別を解消するための支援措置の強化

の３点です。

　特に、合理的配慮の実施については、**今まで事業者は努力義務だったものが義務化されました**。事業者としてはどこまで対応したらいいのか不安だと思いますが、国等が示している事例集などを活用して、合理的配慮とはどのようなものかを、きちんと伝えていくことが必要になってくるでしょう。

「障害者差別」の定義づけの難しさ

　今回の法改正にあたっては、障害者政策委員会で検討がなされ、「障害者差別」について定義づけるかどうかについても議論がなされました。しかし、定義づけることで、結果として差別の範囲を狭めてしまう可能性があること、またそれに該当しないものを差別としない、と考えられてしまう可能性があるなど、現時点での定義づけは非常に困難であり、今回の法改正では明確な定義づけはせず、基本方針のなかで幅広く差別解消に対応できるように示していくこととなりました。

第1章　障害者を支援する際、まず知っておきたいこと

第2章　障害者に関する法制度

第3章　障害者総合支援法

第4章　障害福祉サービスの使い方

第5章　障害福祉サービスの実践事例

第6章　障害者の生活を支える制度

障害者差別解消法の2021年改正の概要

①国および地方公共団体の連携協力の責務の追加

国および地方公共団体は、障害を理由とする差別の解消の推進に関して必要な施策の効率的かつ効果的な実施が促進されるよう、適切な役割分担を行うとともに、相互に連携を図りながら協力しなければならないものとする

②事業者による社会的障壁の除去の実施にかかる必要かつ合理的な配慮の提供の義務化

事業者による社会的障壁（障害がある者にとって日常生活または社会生活を営む上で障壁となるような社会における事物、制度、慣行、観念その他一切のもの）の除去の実施にかかる必要かつ合理的な配慮の提供について、現行の努力義務から義務へと改める

③障害を理由とする差別を解消するための支援措置の強化

（1）基本方針に定める事項として、障害を理由とする差別を解消するための支援措置の実施に関する基本的な事項を追加する

（2）国および地方公共団体が障害を理由とする差別に関する相談に対応する人材を育成しまたはこれを確保する責務を明確化する

（3）地方公共団体は、障害を理由とする差別およびその解消のための取組みに関する情報（事例等）の収集、整理および提供に努めるものとする

なお、施行期日は公布の日（2021年6月4日）から起算して3年を超えない範囲内において政令で定める日である

合理的配慮の義務化

合理的配慮の提供

例1： 段差がある場合に、スロープなどを設置

例2： 意思を伝え合うために絵や写真のカードやタブレット端末などを使用

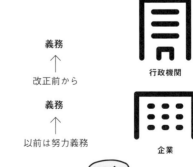

義務
↑
改正前から

行政機関

義務
↑
以前は努力義務

企業

差別的取り扱いの禁止については、法改正前から事業者も義務とされていました。

08
障害者雇用促進法

障害者の雇用を義務化

「障害者の雇用の促進等に関する法律（以下、「障害者雇用促進法」という）」は、障害者の職業生活において自立することを促進するための措置を総合的に講じ、もって障害者の職業の安定を図ることを目的に制定された法律です。歴史的には、傷痍軍人対策として障害者雇用の実施が求められていたこともあり、戦後すぐに身体障害者福祉法が制定されるなど、身体障害者政策の充実が進められてきました。1960（昭和35）年には、まずは身体障害者雇用促進法が制定、その後、身体障害者だけでなく知的障害者の雇用についても進めることが求められるようになり、1987（昭和62）年に、「障害者雇用促進法」として改正、対象拡大や知的障害者の雇用義務化が定められました。なお、2018（平成30）年からは精神障害者も雇用義務の対象になっています。

誰もが働きやすい社会へ

障害者雇用促進法では、障害者の雇用を進めるため、職業リハビリテーション、障害者差別の禁止、障害者雇用を進めていくための仕組みなどが規定されています。そのなかに、一定以上の従業員を雇う企業等について、**決められた割合の障害者を雇用することを義務づけた「障害者雇用率制度」**があり、これを守れない場合、その人数に応じて障害者雇用納付金を納めなければなりません。一方で求められる割合以上の障害者を雇っている企業等に対しては、障害者雇用調整金が支払われます。このような制度がある反面、障害者を雇用したことがない企業は、どう対応したらよいのかわからず、雇用に踏み込めないことも少なくないため、ハローワークなどが企業に対する助言・指導を行うことで、より障害者が働きやすい社会となるような取組みが進められています。

障害者雇用促進法と雇用率制度　図

障害者雇用促進法の概要

障害者雇用促進法

- **職業リハビリテーションの推進**
  - ・求人開拓や職業紹介、障害者および事業主への助言指導等
  - ・障害者職業センター
  - ・障害者就業・生活支援センター

- **障害者に対する差別禁止等**

障害があることを理由に採用を拒否したり、低い賃金にするような差別を禁止しています。

- **障害者の雇用義務等に基づく雇用の推進**
  - ・障害者の法定雇用率制度
  - ・障害者雇用調整金および障害者雇用納付金制度
  - ・在宅就業障害者に対する支援　等

障害者雇用率制度における雇用率

民間企業	2.3% (対象労働者数43.5人以上の規模)	国・地方公共団体	2.6% (除外職員を除く職員数39人以上の機関)
特殊法人・独立行政法人	2.6% (対象労働者数39人以上の規模)	都道府県等の教育委員会	2.5% (除外職員を除く職員数40人以上の機関)

民間企業の法定雇用率は2.3%です。従業員を43.5人以上雇用している事業主は、障害者を1人以上雇用しなければなりません。

従業員が一定数以上の規模の事業主は、従業員に占める身体障害者・知的障害者・精神障害者の割合を「法定雇用率」以上にする義務があります（障害者雇用促進法第43条第1項）。

雇用率制度には、重度身体・知的障害者を雇用する際、1人を2人としてカウントするダブルカウント、短時間労働の場合でも算定できるハーフカウント等、雇用しやすくする制度も用意されています。

09
障害者虐待防止法

虐待から障害者を守り、養護者を支援するための法律

　知的障害などの場合、自分の意思を十分に相手に伝えることが難しい場合があり、その結果として、虐待を受けてもそれを伝えることができない、という事例は少なくありません。そのような虐待被害から障害者を守るため、また障害者権利条約の批准に向けて虐待に対する対策が求められたことも踏まえ、2012（平成24）年に「障害者虐待の防止、障害者の養護者に対する支援等に関する法律（以下、「障害者虐待防止法」という）」が施行されました。この法律の特徴は、障害者虐待を

①養護者による障害者虐待

②障害者福祉施設従事者等による障害者虐待

③使用者による障害者虐待

の三つに分類し、**虐待に対する通報義務を定める**とともに、虐待ごとに具体的なスキームを定めたこと、そして**養護者に対する支援**についても定めたことにあります。

養護者の負担を減らせる社会に

　障害者虐待の調査結果によれば、養護者による虐待が最も多くなります。しかし、養護者が虐待をしてしまう背景には、過度の負担や負担であることを言い出しづらい環境など、必ずしも養護者のみが悪い、とはいえない現状があり、こうした現状の改善が望まれます。「家族」は簡単に切り離せないからこそ、**障害者とその養護者との関係が良好であり続けるように支援**し、ショートステイなどを利用したレスパイトケアの整備やそうした支援につながることができる体制づくりなど、養護者の介護負担やストレスの軽減に向けた取組みが必要です。

第1章　障害者を支援する際、まず知っておきたいこと

第2章　障害者に関する法制度

第3章　障害者総合支援法

第4章　障害福祉サービスの使い方

第5章　障害福祉サービスの実践事例

第6章　障害者の生活を支える制度

障害者虐待の類型

身体的虐待
障害者の身体に外傷が生じ、もしくは生じるおそれのある暴行を加え、または正当な理由なく障害者の身体を拘束すること

性的虐待
障害者にわいせつな行為をすることまたは障害者をしてわいせつな行為をさせること

心理的虐待
障害者に対する著しい暴言または著しく拒絶的な対応その他の障害者に著しい心理的外傷を与える言動を行うこと

放棄・放置（ネグレクト）
障害者を衰弱させるような著しい減食または長時間の放置、養護者以外の同居人による①から③までに掲げる行為と同様の行為の放置等養護を著しく怠ること

経済的虐待
養護者または障害者の親族が当該障害者の財産を不当に処分することその他当該障害者から不当に財産上の利益を得ること

虐待対応のスキーム

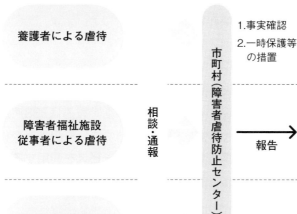

養護者による虐待

障害者福祉施設従事者による虐待

使用者（事業主等）による虐待

相談・通報

市町村（障害者虐待防止センター）

1.事実確認
2.一時保護等の措置

報告

通知

都道府県（障害者権利擁護センター）

1.監督権限等の適切な行使
2.措置等の公表

報告

労働局

1.監督権限等の適切な行使
2.措置等の公表

10
難病法

特定疾患治療研究事業から難病法へ

　難病への支援は、医療の対象として「特定疾患治療研究事業」による医療費助成などの支援が行われてきました。しかし、これは医療的な支援に留まり、難病によっては、医療費助成を受けられず生活が困難になることに対する福祉的な支援も弱いなど、制度の狭間に埋もれていたものもありました。そのため良質かつ適切な医療の確保、療養生活の質の維持向上を図ることを目的に、2014（平成26）年に「難病の患者に対する医療等に関する法律」（以下、「難病法」という）が成立しました。難病法では、難病を「発病の機構が明らかでなく、かつ、治療方法が確立していない希少な疾病であって、長期の療養を必要とする」疾病と定義し、これらに対する調査研究や患者支援を推進、そのうち一定の要件に合うものを指定難病として、医療費助成の対象としています。

障害福祉サービスも利用できるように

　特定疾患治療研究事業では、その対象疾患は56疾患に限られましたが、難病法では要件の見直しにより適宜追加され、2021（令和３）年11月時点の指定難病は338疾患です。これにより上限額が設定されるなど、多くの難病患者が使いやすいものへと変わりました。また、障害者総合支援法により、**難病患者も障害福祉サービスを利用することができるように**なりました。利用にあたっては、指定難病の基準を踏まえつつ、より利用しやすい要件が設定されています。

　しかし、指定難病に該当せず、かつ障害福祉サービスを利用することができる条件にも合致しない希少疾患の患者もまだまだ多い状況です。より多くの人が支援を受けられるような制度が求められています。

難病法の概要

難病法

目的：難病の患者に対する良
質かつ適切な医療の確保お
よび難病の患者の療養生活
の質の維持向上を図り、もっ
て国民保健の向上を図る

医療費の助成

難病の医療に関する調査および
研究推進

療養生活環境整備事業の実施

難病患者への支援

医療費助成　難病法・特定疾患治療研究事業（現在では4疾患のみ）・
児童のみ：小児慢性特定疾病対策

福祉サービス　障害者総合支援法

就労支援　ハローワーク（難病患者就職サポーター）・難病の人を対象とした
助成金等（特定求職者雇用開発助成金、障害者トライアル雇用事業、
キャリアアップ助成金、障害者介助等助成金　等）

各制度における対象条件（2021年11月現在）

	難病法の対象	指定難病の対象（338疾患）	障害者総合支援法の対象（366疾患）
発病の機構が明らかでない	○	○	×
治療方法が確立していない	○	○	○
希少な疾病である	○	○	×
かつ、患者数が人口の0.1％程度に達しない	×	○	×
長期の療養を必要とする	○	○	○
客観的な診断基準、または それに準ずるものが確立している	×	○	○

○＝要件とする　×＝要件としない

第1章　障害者を支援する際、まず知っておきたいこと

第2章　障害者に関する法制度

第3章　障害者総合支援法

第4章　障害福祉サービスの使い方

第5章　障害福祉サービスの実践事例

第6章　障害者の生活を支える制度

11 特定疾患治療研究事業

研究事業として継続しているのは4疾患

特定疾患治療研究事業に規定されていた疾患は、その多くが難病法へと移行しました。しかしながら、4疾患のみに関しては、そのまま特定疾患治療研究事業で運用がなされることになりました。それが、①スモン、②難治性の肝炎のうち劇症肝炎、③重症急性膵炎、④プリオン病（ヒト由来乾燥硬膜移植によるクロイツフェルト・ヤコブ病に限る）です。このうち、新規申請が可能なものはスモンとプリオン病のみとなっていますが、いずれもその原因となった薬物や医療用具は現在使用されておらず、新たな患者は発生していません。

制度を使用させてもらえない事例もある

例えば、スモンは特定疾患治療研究事業が開始される要因となった疾患で、当時、整腸薬として使われていたキノホルムによる薬害でした。国等との和解を通して、現在でも研究班による健康診断や調査研究が進められています。そのなかで、医療費における自己負担分の助成も行われていますが、スモンはさまざまな症状が出ることから、主症状である自律神経障害、視覚・感覚・運動機能障害のみならず、ほとんどの症状に対して特定疾患治療研究事業として取り扱うことが可能となっています。しかし、スモンが問題になってから半世紀以上が経過し、スモンを知らない人も増えてきました。そのため、十分な確認も行われず医療費が請求されるなどの問題も出てきています。患者数が減少していることは事実ではありますが（2018（平成30）年時点で1221名）、このように**世間から忘れられてきていることによる弊害が生じている**ことも、医療福祉の専門職としては知っておかなければなりません。

第1章 障害者を支援する際、まず知っておきたいこと

第2章 障害者に関する法制度

第3章 障害者総合支援法

第4章 障害福祉サービスの使い方

第5章 障害福祉サービスの実践事例

第6章 障害者の生活を支える制度

特定疾患治療研究事業の内容

医療費	認定された疾患の治療費のうち、保険診療の自己負担分を助成
介護保険サービス	介護療養施設サービス、訪問リハビリテーション、居宅療養管理指導、訪問看護、介護予防訪問看護、介護予防訪問リハビリテーションおよび介護予防居宅療養管理指導の自己負担分を助成

難病法成立前は、自己負担がある場合もありましたが、現在残っている疾患については自己負担はありません。

スモンによる健康障害の例

視覚障害

上肢に運動・感覚障害

腹痛やイレウスなどの腹部症状

排便・排尿障害

感覚鈍麻、異常感覚、疼痛、冷感などの下肢感覚障害

脱力、痙縮等の下肢運動障害

スモンは多領域に症状が出るため、ほとんどの症状に対して特定疾患治療研究事業対象として医療費の公費負担が行われます。

12

医療的ケア児支援法

制度の狭間にあった医療的ケア児への支援法の成立

医療の進歩に伴い、昔であれば亡くなってしまうような状態の子どもたちの命が助かるようになってきました。その一方で、人工呼吸器の装着や痰の吸入、経管栄養など、恒常的な医療的ケアを必要とする医療的ケア児が増えてきています。家族の介護負担も増大し、また医療、福祉、保健、教育など、さまざまな領域で支援が必要になるものの、それに対する十分な体制整備がなされていないなどの課題がありました。このような状況に対して、2016（平成28）年の児童福祉法改正では、医療的ケア児に対する体制整備について必要な措置をとるように示され、2021（令和3）年6月に「医療的ケア児及びその家族に対する支援に関する法律（以下、「医療的ケア児支援法」という）」が成立し、自治体や保育所、学校の設置者等に対して、医療的ケア児施策の責務等が示されました。

連携の中核となる医療的ケア児支援センター

医療的ケア児支援法で定められたものの一つに、医療的ケア児支援センターがあります。これは、複数の領域が絡み合うために、相談の窓口がわかりにくい、また連携を行うにしてもどこが指揮を取るのかも明確ではなく、円滑に行うことができないケースがあることから、医療的ケア児等に対して行う相談支援の情報の集約点として、また連携における中核的な役割を果たすことが期待されています。残念ながら義務規定ではないことから都道府県の必置機関ではありませんが、法施行前の段階で、各自治体が医療的ケア児に対する支援を独自に実施しており、これまでの経験を基に、より効果的な運用がなされる機関として支援センターの設置が期待されます。

医療的ケア児の支援と連携体制　図

第1章 障害者を支援する際、まず知っておきたいこと

第2章 障害者に関する法制度

第3章 障害者総合支援法

第4章 障害福祉サービスの使い方

第5章 障害福祉サービスの実践事例

第6章 障害者の生活を支える制度

医療的ケア児とは

日常生活および社会生活を営むために恒常的に医療的ケア（人工呼吸器による呼吸管理、喀痰吸引その他の医療行為）を受けることが不可欠である児童（18歳以上の高校生等を含む）をいいます。

医療的ケア児の概念整理

肢体不自由児

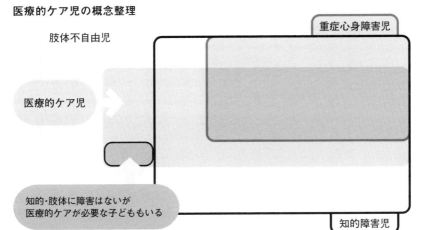

重症心身障害児

医療的ケア児

知的・肢体に障害はないが
医療的ケアが必要な子どももいる

知的障害児

[医療的ケア]
人工呼吸器、
気管切開、吸引、
経管栄養
（経鼻、胃瘻、腸瘻）、
酸素療法、導尿、
IVHなど

医療的ケア児等に対する連携体制

センターや研修を受けたコーディネーターが、入院時から本人・家族の意思決定支援、各種サービスの紹介や相談、医療、福祉、教育等関係機関との連携、社会資源等の改善、開発を担う

医療的ケア児支援センター
医療的ケア児コーディネーター

医療機関
（病院・診療所、
訪問看護ステーション等）

相談機関
（相談支援事業所等）

医療的ケア児
・家族

障害・子育て支援
担当行政機関

福祉機関
（障害児・者施設等）

教育機関

第 2 章 参考文献

- 内閣府「障害者白書 平成29年版」「障害者白書 令和3年版」
- 厚生労働省「市町村・都道府県における障害者虐待の防止と対応の手引き」
- 厚生労働省医薬・生活衛生局総務課医薬品副作用被害対策室「スモン、CJD、SJSについて」
- 厚生労働省永田町子ども未来会議　医療的ケア児等の施策に関する最近の動き
- 日本重症心身障害福祉協会 医療問題検討委員会報告（平成29年5月19日）

第 3 章

障害者総合支援法

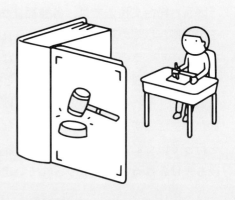

01
障害者総合支援法とは

障害福祉サービスを大きく変える

　もともと障害福祉サービスについては、各障害者福祉法に別々に規定されていました。しかし、その結果として複数の障害がある場合の対応が難しい、そもそも近隣に自身の障害に対応した施設がないなどといった、利用上不便なことが多くありました。そのため、2005（平成17）年の障害者自立支援法では、三障害でバラバラであった福祉サービスを一元化し、利用者一人ひとりのニーズに合った支援が行われるようなサービス設定や、利用状況に応じた負担制度の導入など、従来までの制度とは大きく異なる施策となりました。その後、利用者負担や利用できるサービスを左右する障害程度区分のシステムが適切に機能しないなどの問題を解消するため、2012（平成24）年に**「障害者総合支援法」**として改正され、現在に至っています。

共生社会の実現に向けて

　障害者総合支援法では、各種福祉サービスなどについての規定がなされていますが、その前提としての**基本理念**が掲げられています。基本理念では、障害のあるなしにかかわらず、すべての国民がかけがえのない個人として尊重されるものとし、可能な限りどこで、誰と暮らすのかを選択することができること、そして社会参加する機会が確保されること、それらをほかの誰かに妨げられることがないようにすること、そして地域のなかで生活をするにあたって障壁となるようなすべてのものを排していくための取組みを行っていくことが示されています。障害者総合支援法の基本理念に則った取組みが今後も続けられることが求められています。

障害者福祉制度の一元化　図

第 1 章　障害者を支援する際、まず知っておきたいこと

第 2 章　障害者に関する法制度

第 3 章　障害者総合支援法

第 4 章　障害福祉サービスの使い方

第 5 章　障害福祉サービスの実践事例

第 6 章　障害者の生活を支える制度

福祉制度の一元化

身体障害者福祉法

知的障害者福祉法

精神保健福祉法

各法における福祉施設・
サービス規定を一元化

縦割だった障害者福祉法制度を一元化

障害者自立支援法

障害者総合支援法

自立支援法において
問題となった部分を
改善し総合支援法へ。

障害者総合支援法への改正時のポイント（一部）

	障害者自立支援法 →	障害者総合支援法
基本理念	規定なし	「共生社会を実現するため、社会参加の機会の確保及び地域社会における共生、社会的障壁の除去に資するよう、総合的かつ計画的に行われること」を基本理念として新設
必要なサービス内容、量の判断	障害の程度で判断をしたことにより、知的障害や精神障害において**低く判定される**ことが頻発	障害の重さから、標準的な支援の度合いについて判断する仕組みへと変更
費用負担	**応益負担**	**応能負担**とし、高額障害福祉サービス等給付費等を補装具と合算することで、**利用者負担を軽減**
対象範囲	身体・知的・精神障害に限定	これらに加えて、**難病者**も対象に追加

02
障害者総合支援法の対象者

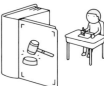

難病患者もサービスが利用できるように

障害者自立支援法では、もともと身体障害者福祉法、知的障害者福祉法、精神保健福祉法で対応していたサービスを一元化したため、当然その対象者は3障害となっていました。しかし、障害認定されていないものの、難病等により日常生活を送ることが困難なケースもあり、このような人たちがいわゆる制度の狭間に置き去りになっていたことが問題となりました。そこで、障害者総合支援法に改正される際、この狭間を埋めるため、難病患者も制度を利用できるように再設計されていくこととなりました。

ここでいう難病患者とは、**難病法**（➡P.62）の対象者をそのまま流用するのではなく、障害福祉サービスをより多くの人が利用できるように、**独自に対象疾患を設定**することになっており、現在では**366疾患**（令和3年11月現在）となっています。

必ずしも手帳のあるなしは利用条件ではない

3障害の対象については、各法に定義された障害者となっています。そのため、精神障害者については、利用に精神障害者保健福祉手帳は必要ありません。また、発達障害者については、精神障害者に含まれることになっています。なお、障害児については、施設サービスについては児童福祉法に基づいて実施されますが、訪問系のサービスは障害者総合支援法のサービスを利用することが可能です。

このように、利用者の範囲は幅広くとられている一方、どのようなサービスでも利用することができるか、というとそうではありません。障害の種類や後述の障害支援区分により利用できるサービスには違いがあることには注意が必要です。

第1章　障害者を支援する際、まず知っておきたいこと

第2章　障害者に関する法制度

第3章　障害者総合支援法

第4章　障害福祉サービスの使い方

第5章　障害福祉サービスの実践事例

第6章　障害者の生活を支える制度

区分	対　象
身体障害者	身体障害者福祉法第4条別表に掲げる身体上の障害がある18歳以上の者であって、都道府県知事から身体障害者手帳の交付を受けた者
知的障害者	知的障害者福祉法における知的障害者のうち18歳以上の者
精神障害者	統合失調症、精神作用物質による急性中毒またはその依存症、知的障害、精神病質その他の精神疾患を有する者のうち18歳以上の者

発達障害者　自閉症、アスペルガー症候群その他の広汎性発達障害、学習障害、注意欠陥多動性障害その他これに類する脳機能の障害であってその症状が通常低年齢において発現するものとして政令で定めるものがある者であって発達障害および社会的障壁により日常生活または社会生活に制限を受ける者

難病患者	治療方法が確立していない疾病その他の特殊の疾病であって政令で定めるものによる障害の程度が厚生労働大臣が定める程度である者であって18歳以上である者
障害児	身体に障害のある児童、知的障害のある児童、精神に障害のある児童（発達障害者支援法第2条第2項に規定する発達障害児を含む）または治療方法が確立していない疾病その他の特殊の疾病であつて障害者総合支援法第4条第1項の政令で定めるものによる障害の程度が同項の厚生労働大臣が定める程度である児童

身体障害の場合は、サービスを利用する場合、身体障害者手帳が必要となりますが、知的障害の場合は、知的障害者更生相談所の意見の確認、精神障害であれば、医師の診断書などによって、サービスが必要と判断されれば利用することが可能です。

03
障害福祉サービスの専門職

障害福祉サービスの実施に欠かせない専門職

障害のある人が社会のなかで生活をしていくためには、障害だけに目を向けるのではなく、複雑に絡み合った課題に適切に対応することが必要です。そうしたさまざまな課題を解決するために、多くの専門職がそれぞれの職場で活躍をしています。そのなかでも、障害者総合支援法における障害福祉サービスを利用するにあたり、重要な役割を果たしているのが、**相談支援専門員**や**サービス管理責任者**です。

連携をとりながら、利用者にとっての最善を探し続ける

障害福祉サービスを利用する際、まず、自分にはどのようなサービスが必要なのか、どのような施設があるのかを知らなければなりません。相談支援専門員は、利用者がどのような生活を送りたいのかを聞き取った上で、利用者に必要な支援をプランニングし、関係機関との調整を行います。障害福祉サービスの利用にあたって、必ずしも相談支援専門員がサービス等利用計画（プラン）をつくらなければならないわけではありませんが、一言にサービスを利用するといっても、事業所によって得意分野があり、それらを含めて自分に適したプランを構築するのは個人では困難です。そのため、信用できる相談支援専門員と二人三脚でプランをつくり、検討していくことが重要になってきます。

一方、サービス管理責任者（サビ管）は、サービス事業所における支援の責任者として、相談支援専門員のつくるプランに基づいて、その事業所でできることや地域資源等を踏まえて**個別支援計画**を作成します。

利用者支援に「これ」という正解はまずありません。状況に合わせて相談支援専門員やサビ管、ケアスタッフ等の関係者が連携をとり、よりよい方策を考え続けています。

相談支援専門員の役割

相談支援専門員

利用者・家族等

事業所等

相談内容に対する助言
サービス等利用計画（案）の作成
専門機関の紹介など

関係者会議の実施や日頃の連携により、利用者のニーズに合った支援ができるよう調整を進める

サービス管理責任者の役割

利用者

サービス等利用計画に基づき……

サービス管理責任者

利用者に対するアセスメント、利用者の意向を反映した個別支援計画の作成、職員に対する指導・助言等

サービス提供職員

利用者の望みを実現できるよう、個別支援計画に基づいて支援を実施

管理者（施設運営の責任者）は、業務、人事管理を行う立ち位置におり、サービス管理責任者と同一の場合もある

04
障害福祉サービス

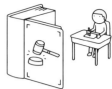

さまざまな課題に対するサービスが整備されています

　障害者総合支援法におけるメインメニューとなるのが、障害福祉サービスです。障害者総合支援法では、以前まで各障害者福祉法に基づいて実施されていた訪問・施設サービスが、同一のメニューとして再整理され、それらに加えて新たなサービスを加えて構成されており、2018（平成30）年の改正時には新たなサービスも追加されています。障害者の地域生活を進めていく上で、必要とされるさまざまなメニューが用意され、主に利用者個人に対して支給決定される**自立支援給付**や、自治体が柔軟に実施する**地域生活支援事業**があり、自立支援給付のうち、介護給付と訓練等給付を合わせて障害福祉サービスとして規定しています。

　なお、サービスによっては、利用できる人に障害種別や障害支援区分に基づく一定の制限がかかるものがあることに注意が必要です。

障害福祉サービスは三つに大別される

　法律上の定義ではありませんが、障害福祉サービスを大別すると、利用者の居宅に訪問して支援を行う**「訪問系サービス」**、日中の介護やレクリエーション、就労訓練などを行う**「日中系サービス」**、生活の場所を提供する**「居住系サービス」**に分けられ、そのほかにも相談支援事業や地域生活支援事業など、さまざまな施策が用意されています。

　特に障害者総合支援法では**地域で自分らしく生活をすることができる共生社会を目指**すことから、居宅生活を続けるための支援が整理され、重度障害を抱え、複数のサービスを利用しなければならない人への支援や、社会で生きる上で必要不可欠な移動に特化したサービスなども整理されました。

障害福祉サービスの全体像　図

障害者総合支援法および児童福祉法の給付・事業の全体像

市町村

介護給付

- ・居宅介護　・重度訪問介護
- ・同行援護　・行動援護
- ・療養介護　・生活介護
- ・短期入所
- ・重度障害者等包括支援
- ・施設入所支援　　第28条第1項

自立支援給付
国が1/2負担
第6条

相談支援

- ・基本相談支援
- ・地域相談支援
- （地域移行支援・地域定着支援）
- ・計画相談支援　　第5条第18項

障害福祉サービス

訓練等給付

- ・自立訓練（機能訓練・生活訓練）
- ・就労移行支援
- ・就労継続支援（A型・B型）
- ・就労定着支援
- ・自立生活援助
- ・共同生活援助　　第28条第2項

障害者・児

自立支援医療

- ・更生医療　・育成医療

補装具　第5条第25項

障害児通所支援

- ・児童発達支援
- ・医療型児童発達支援
- ・放課後等デイサービス
- ・居宅訪問型児童発達支援
- ・保育所等訪問支援

国が1/2負担　児童福祉法第6条の2の2

地域生活支援事業（国が1/2以内で補助）

・相談支援　・意思疎通支援　・日常生活用具　・移動支援
・地域活動支援センター　・福祉ホーム　等　第77条第1項

支援

都道府県

地域生活支援事業（国が1/2以内で補助）
・広域支援　・人材育成　等
第78条

自立支援医療
精神通院医療
第5条第24項

障害児入所支援
国が1/2負担
児童福祉法第7条

障害福祉サービスは大きく三つに

訪問系サービス

日中系サービス

居住系サービス

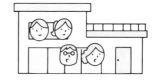

第1章　障害者を支援する際、まず知っておきたいこと
第2章　障害者に関する法制度
第3章　障害者総合支援法
第4章　障害福祉サービスの使い方
第5章　障害福祉サービスの実践事例
第6章　障害者の生活を支える制度

05

障害支援区分

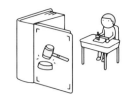

サービスが必要かを決める一つの基準

　障害福祉サービスは右表のとおりさまざまなメニューが用意されていますが、障害者総合支援法の対象者であれば、誰でも、どのサービスでも利用できる、というわけではありません。サービスを利用するにあたって、一定の基準が設けられている場合があります。その基準の一つが、**障害支援区分**です。障害支援区分は、障害者総合支援法のサービスを受けたいと市町村に申請をした際に実施されることになる認定調査と医師意見書に基づいて、区分1から区分6、もしくは非該当のいずれかの判定を受けることになります。いわゆる介護サービスを受けたいと思う場合には、少なくとも区分1以上は必要となりますが、就労にかかるサービス等、一部については、非該当でも利用可能です。この結果とサービス等利用計画案に基づいて、どのサービスを利用するか支給決定がなされます（➡ P.130）。

障害支援区分の活用

　障害支援区分は、各種サービスを利用するための要件の一つとして利用され、例えば、多くの人が利用する**居宅介護**は区分1から利用できるようになっていますが、重度訪問介護は区分4以上かつ別に定めた条件に該当することが必要です。そのため、必要なサービスが利用できるように、区分決定は慎重に行われる必要があります。

　また、サービスを利用した際に生じる報酬単価などにも利用されています。例えば支援の量が少なくてもすむよう、区分が低い人ばかりを引き受けては、重度障害者の地域生活支援が進みません。そのため、生活介護の場合、区分が高いほど、報酬単価が高く設定され、施設側が重度障害の人を受け入れる体制がとれるように調整されています。

障害福祉サービス等の体系（介護給付・訓練等給付）

			サービス内容
訪問系	**介護給付**	居宅介護　者児	自宅で、入浴、排泄、食事の介護等を行う
		重度訪問介護　者	重度の肢体不自由者または重度の知的障害もしくは精神障害により行動上著しい困難を有する者であって常に介護を必要とする人に、自宅で、入浴、排泄、食事の介護、外出時における移動支援、入院時の支援等を総合的に行う（日常生活に生じるさまざまな介護の事態に対応するための見守り等の支援を含む）
		同行援護　者児	視覚障害により、移動に著しい困難を有する人が外出するとき、必要な情報提供や介護を行う
		行動援護　者児	自己判断能力が制限されている人が行動するときに、危険を回避するために必要な支援、外出支援を行う
		重度障害者等包括支援　者児	介護の必要性がとても高い人に、居宅介護等複数のサービスを包括的に行う
日中活動系		短期入所　者児	自宅で介護する人が病気の場合などに、短期間、夜間も含めた施設で、入浴、排泄、食事の介護等を行う
		療養介護　者	医療と常時介護を必要とする人に、医療機関で機能訓練、療養上の管理、看護、介護および日常生活の世話を行う
		生活介護　者	常に介護を必要とする人に、昼間、入浴、排泄、食事の介護等を行うとともに、創作的活動または生産活動の機会を提供する
施設系		施設入所支援　者	施設に入所する人に、夜間や休日、入浴、排泄、食事の介護等を行う
居住支援系	**訓練等給付**	自立生活援助　者	一人暮らしに必要な理解力・生活力等を補うため、定期的な居宅訪問や随時の対応により日常生活における課題を把握し、必要な支援を行う
		共同生活援助　者	夜間や休日、共同生活を行う住居で、相談、入浴、排泄、食事の介護、日常生活上の援助を行う
訓練系・就労系		自立訓練（機能訓練）　者	自立した日常生活または社会生活ができるよう、一定期間、身体機能の維持、向上のために必要な訓練を行う
		自立訓練（生活訓練）　者	自立した日常生活または社会生活ができるよう、一定期間、生活能力の維持、向上のために必要な支援、訓練を行う
		就労移行支援　者	一般企業等への就労を希望する人に、一定期間、就労に必要な知識および能力の向上のために必要な訓練を行う
		就労継続支援（A型）　者	一般企業等での就労が困難な人に、雇用して就労の機会を提供するとともに、能力等の向上のために必要な訓練を行う
		就労継続支援（B型）　者	一般企業等での就労が困難な人に、就労する機会を提供するとともに、能力等の向上のために必要な訓練を行う
		就労定着支援　者	一般就労に移行した人に、就労に伴う生活面の課題に対応するための支援を行う

障害支援区分

低い　　　　　　　　　　　　　必要とされる支援の度合い　　　　　　　　　　　　　高い

非該当	区分1	区分2	区分3	区分4	区分5	区分6

障害支援区分は「障害の重さ」ではなく、
多様な特性、その他心身の状態に応じて必要とされる標準的な「支援の度合い」を示したもの

第1章　障害者を支援する際、まず知っておきたいこと
第2章　障害者に関する法制度
第3章　障害者総合支援法
第4章　障害福祉サービスの使い方
第5章　障害福祉サービスの実践事例
第6章　障害者の生活を支える制度

06
在宅での支援

地域生活を送るための基盤となるホームヘルプサービス

戦後から1980年代にかけて、わが国の障害者施策は、施設収容政策を軸に行われてきました。この背景には、障害の重度化に伴い、家庭での介護が難しくなってきたこと、親亡き後に安心して託すことのできる場所が施設であったということが挙げられます。見方を変えると、地域で暮らし続けていくための資源が十分でなかったといえますが、近年、ホームヘルプサービスなどの居宅サービスが充実してくるにつれて、地域で暮らす現実味が高まってきました。

障害者総合支援法においても、在宅生活を続けるための支援は当然用意されており、多くの人が利用しています。主に在宅介護を行うサービスとしては、**居宅介護、重度訪問介護、重度障害者等包括支援**があります。

重度障害者に対する独立したサービスもあります

居宅介護は、3障害に一元化される前から行われてきたホームヘルプサービスで、入浴や排泄、食事などが困難な人に対する介護、日常生活における家事支援等を実施するものになっています。障害支援区分も原則区分1以上と、比較的多くの人が利用できるように設定がされています。

一方で、重度の障害により常に介護が必要な人に対して手厚い介護サービスを提供する重度訪問介護、重度障害でかついくつものサービスを包括的に利用することが求められる際に利用する重度障害者等包括支援があります。重度障害者の場合、介護等もその人にあったやり方などがあることや、介護者が変わることによる混乱を防ぐため、重度訪問介護では、利用者が医療機関に入院した場合についても利用できることが特徴です。

居宅介護支援　図

第1章　障害者を支援する際、まず知っておきたいこと

第2章　障害者に関する法制度

第3章　障害者総合支援法

第4章　障害福祉サービスの使い方

第5章　障害福祉サービスの実践事例

第6章　障害者の生活を支える制度

在宅での支援

	居宅介護	重度訪問介護	重度障害者等包括支援
支援内容	身体介護（入浴、排泄、食事等）、家事援助（調理、洗濯、掃除、生活必需品の買い物等）、その他生活に関する助言等（通院等介助を行う場合もある）	身体介護、家事援助、移動介護、その他生活に関する助言等	居宅介護、重度訪問介護、同行援護、行動援護、生活介護、短期入所、自立訓練、就労移行支援、就労継続支援、共同生活援助を利用者の必要に応じて組み合わせ、計画に基づいて包括的に提供
対象	障害支援区分が区分1以上である人（通院等介助が必要な場合は区分2以上）	重度の肢体不自由または重度の知的障害もしくは精神障害により行動上著しい困難を有する障害者であって常時介護を要する人	常時介護を要する人で、意思疎通を図ることに著しい支障がある人のうち、四肢の麻痺や寝たきりの状態にある人、知的障害または精神障害により行動上著しい困難を有する人
事業所数（2020年10月現在）	2万3741	2万1327	21

居宅介護の通院等介助、重度訪問介護、重度障害者等包括支援の利用には、区分以外にも症状による条件があります。

居宅介護の内容

	内容
身体介護	入浴、排泄、食事等の介助
家事援助	調理、洗濯、掃除、生活必需品の買い物など
その他	生活等に関する相談や助言 その他生活全般にわたる援助
通院等介助	医療機関の受診や官公署等へ公的手続きや相談のために外出する際の移動等の介助、窓口での手続きの補助 （通院等介助で介護が必要な場合は、区分2以上などの条件が追加される）

あくまでも利用者のためのサービスであり、同居家族のための家事援助は行うことができません。

07
外出先での支援
（同行援護・行動援護）

視覚障害者が地域生活を送る上での大切な「目」

　手続きのために市役所に行ったり、買い物に出たりと、地域生活を送るにあたって、外に出ることは必要不可欠です。しかしながら、視覚障害や行動障害により、こういったことをすることが困難な人のために用意されているサービスが、同行援護や行動援護です。

　同行援護は、視覚障害のある人に対して行われ、移動そのものに対する援護や外出先で必要となる代読や代筆などもその内容に含まれています。以前は身体介護のあり・なしで利用できる条件が異なりましたが、平成30年度報酬改定において、身体介護なしの条件に一本化されました。また、その際に盲ろう者の方も同行援護を利用しやすいように改正がされています。なお、同行援護は全国共通の障害福祉サービスですが、自治体が独自に地域生活支援事業として**移動支援**を行っている場合があります。そのサービス内容、利用条件は自治体によって異なりますので、注意が必要です（➡ P.206）。

パニックなどを起こしやすい人に対する移動支援

　一方で**行動援護**は、知的障害や精神障害者が使えるサービスです。これらの障害によって、慣れない場所でパニックを起こしてしまったりするような**強度行動障害**等のある人を対象として、移動中の介護のほか、不安にならないように支援を行ったり、パニックなどを起こしてしまったときにフォローを行うなどの、危険回避を行います。

　同行援護も行動援護も、一般的な介護技術だけでは対応することが困難であることから、いずれも業務に従事する人は、原則、研修を受けることが必要となっています。また行動援護については、実務経験も必要となるなど、その専門性は高いものとなっています。

同行援護、行動援護、移動支援の内容

	対象	支援区分
同行援護	視覚障害	指定なし（同行援護アセスメント票の移動障害の欄にかかる点数が1点以上、かつ「視力障害」「視野障害」および「夜盲」に係る点数のいずれかが1点以上であることが必要）
行動援護	知的障害・精神障害	支援区分3以上、かつ行動関連項目等の合計得点が10点以上
移動支援	指定なし（自治体によって異なります）	指定なし（自治体によって異なります）

強度行動障害とは

例えば……

ここにいるのが嫌、
早く帰りたい……

誰かを傷つけるという
行為で自分の気持ちを
伝えようとしてしまう

不安や緊張から脱したいが
うまく伝えることができない

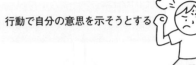

行動で自分の意思を示そうとする

結果として、状況が改善されないと、激しい行動（自傷・他傷・破壊・非衛生的・異食・極端な固執行動等）になっていく

第1章　障害者を支援する際、まず知っておきたいこと

第2章　障害者に関する法制度

第3章　障害者総合支援法

第4章　障害福祉サービスの使い方

第5章　障害福祉サービスの実践事例

第6章　障害者の生活を支える制度

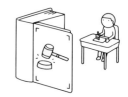

08
療養介護

重度障害で医療機関での支援が必要な人のための制度

　障害が重くても地域社会のなかで生活できるように、という考え方は大切ではありますが、だからといって施設でのケアが不必要というわけではありません。例えば重度障害のなかでも医療が必要になる場合、在宅でできることはどうしても限られてしまいます。そうした医療的ケアが必要で常時介護も必要な人のために用意されている医療施設などでのケアが療養介護です。旧・重症心身障害児施設や国立病院機構等の医療機関で重症心身障害児病棟であったところが指定を受け、療養介護を提供しています。対象者は告示上右表のとおりですが、簡単にいえば、筋萎縮性側索硬化症（ALS）で人工呼吸器による呼吸器管理が必要とされる人や、筋ジストロフィーなどにより成人以降に障害を負った人などです。また、重症心身障害児として支援を受けている人も含まれることから、**障害者総合支援法では療養介護**として、**児童福祉法上では医療型障害児入所施設**として一体的な運用が認められています。

療養介護の利用料金

　なお、**療養介護**は日中における機能訓練や療養上の管理、看護、医学的管理下における介護や日常生活上の世話が対象となっており、利用者の負担は **1 割**となっていますが、当然ながらそのほかにも医療が必要となり、医療行為に関しては**療養介護医療**として別枠での支援を行うことになっています。そのため、福祉サービスと医療サービスをどちらも必要とすることから、利用費の上限についての考え方については他サービスとは異なり、福祉部分の自己負担と医療費、食事療養費を合算して、上限額が決定されるようになっています（➡ P.138）。

療養介護の対象者

(1) 障害支援区分6に該当し、気管切開に伴う人工呼吸器による呼吸管理を行っている者

(2) 障害支援区分5以上に該当し、次の1から4のいずれかに該当する者
  1 重症心身障害者または進行性筋萎縮症患者
  2 **医療的ケアスコア**が16点以上の者
  3 障害支援区分の認定調査項目のうち行動関連項目等（12項目）の合計点数が10点以上である者であって、医療的ケアの判定スコアが8点以上の者
  4 遷延性意識障害者であって、医療的ケアの判定スコアが8点以上の者

(3) (1)および(2)に準じる者として市町村が認めた者

(4) 改正前の児童福祉法第43条の4に規定する重症心身障害児施設に入所した者または改正前の児童福祉法第7条第6項に規定する指定医療機関に入院した者であって、平成24年4月1日以降指定療養介護事業所を利用する(1)および(2)以外の者（経過措置利用者）

> 2021年度より、医療的ケアが必要で強度行動障害を有する者など障害者支援施設での受け入れが困難な者についても対象とすることが明文化された

医療的ケアスコア

	医療的ケア（診療の補助行為）	基本スコア
1	人工呼吸器（鼻マスク式補助換気法、ハイフローセラピー、間歇的陽圧吸入法、排痰補助装置、高頻度胸壁振動装置を含む）の管理 人工呼吸器および括弧内の装置等のうち、いずれか一つに該当する場合にカウントする	10点
2	気管切開の管理 人工呼吸器と気管切開の両方を持つ場合は、気管切開の見守りスコアを加点しない（人工呼吸器10点＋人工呼吸器見守り0～2点＋気管切開8点）	8点
3	鼻咽頭エアウェイの管理	5点
4	酸素療法	8点
5	吸引（口鼻腔・気管内吸引）	8点
6	ネブライザーの管理	3点
7	経管栄養　（1）経鼻胃管、胃瘻、経鼻腸管、経胃瘻腸管、腸瘻、食道瘻	8点
	（2）持続経管注入ポンプ使用	3点
8	中心静脈カテーテルの管理（中心静脈栄養、肺高血圧症治療薬、麻薬など）	8点
9	皮下注射（いずれか一つを選択）　（1）皮下注射（インスリン、麻薬など）	5点
	（2）持続皮下注射ポンプ使用	3点
10	血糖測定（持続血糖測定器による血糖測定を含む） インスリン持続皮下注射ポンプと持続血糖測定器とが連動している場合は、血糖測定の項目を加点しない	3点
11	継続的な透析（血液透析、腹膜透析を含む）	8点
12	導尿（いずれか一つを選択）　（1）利用時間中の間欠的導尿	5点
	（2）持続的導尿（尿道留置カテーテル、膀胱瘻、腎瘻、尿路ストーマ）	3点
13	排便管理（いずれか一つを選択）　（1）消化管ストーマ	5点
	（2）摘便、洗腸	5点
	（3）浣腸	3点
14	痙攣時の坐剤挿入、吸引、酸素投与、迷走神経刺激装置の作動等の処置	3点

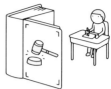

09
短期入所（ショートステイ）

在宅生活を無理なく続けていくための大切な場所

障害の重い人の在宅生活を支えていくためには、家族の協力は重要です。一方で介護の負担が重くなりすぎて家族が体調を崩してしまう、仕事を辞めざるを得なくなる、などといった状況に陥ることは避けなければなりません。訪問系の福祉サービスを活用することで、できる限り家族の負担を減らしていくとともに、**介護を担う家族に対するケアを意識していくこと**が、長期間にわたる在宅支援を続けていく上で重要になってきます。

短期入所は、在宅で生活する障害者が数日程度の短期間、施設に入所することができるサービスで、一般的には**ショートステイ**と呼ばれます。施設内で入浴や排泄、食事の介護や日常生活上の支援などを行うもので、例えば、家族が体調不良になった際や、冠婚葬祭などで外出をしなければならない際に利用できるものですが、介護疲れなどの休息目的（レスパイト）での利用も可能となっています。

地域生活を送る準備としての場の機能も

短期入所は、利用する対象者によって福祉型と医療型に分けられ、福祉型は障害者支援施設等、医療型では病院、診療所、介護老人保健施設、介護医療院で実施しています。実施形態としては、複数の事業を行う併設型のほか、施設入所支援やグループホームなどの入所施設の空きを使う形式をとっている空床利用型や短期入所単独で運営している単独型があります。

短期入所は、家族に対するケアとして機能するのと同時に、一人暮らしなど、家族から独立するための準備や、すでに一人暮らしをしている人が自身のレスパイトとして利用することも少なくなく、**安心して地域生活を送る上で重要な社会資源**となっています。

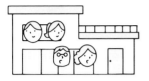

福祉型

障害支援区分が1以上
の人　等

医療型

ALS等の疾患を有する者、
重症心身障害児・者　等

併設型	ほかの事業を運営している同一建物内で一体的に運用するもので、ほかの事業とは別に、短期入所用の居室を設定する
空床利用型	ほかの事業を運営している同一建物内で一体的に運用するもので、利用者に利用されていない居室を利用する。 そのため、空き状況は日によって異なる場合がある
単独型	短期入所としてのみ事業を運営するもの

社会福祉施設等調査
（2020年）によれば
併設型の事業所数は、
3480か所となっている

空床利用型と単独型合わせて2857か所あります（2020年）。単独型は、既存の短期入所では対応することが困難なケースへの対応など、利用者や地域事情に合わせての実施が期待されていますが、単独での経営の困難さや受け入れ枠の問題など、解決すべき問題も残っています。

10
生活介護

地域での日常生活を支える生活介護

　日常生活を送っていく上で、介護と合わせて、日中の居場所や働く場所を必要とする人が大勢います。そうしたニーズに応えるサービスが**生活介護**です。一つの種別のなかで幅広い支援を行っており、障害福祉サービス全体の総費用額の約28％（令和元年度）を占めるなど、多くの人が利用しているサービスです。

　対象者は、基本的に介護が必要な人となるため、利用できる障害支援区分は3以上と高めに設定されています（50歳以上は区分2以上）。ただし、もともとは知的障害や身体障害の授産施設の移行先の一つとして設定されていたこともあり、障害支援区分3未満であっても、以前から利用していた人については利用可能となっています。

生活を豊かにするためのさまざまな活動

　サービス内容としては、入浴、排泄、食事などの介助や生活等に関する相談、リハビリテーション、レクリエーション等のほか、創作的活動として利用者の感性を活かしたアート作品の作成、販売などを行っているところもあります。

　また、内職や委託作業などに代表される生産活動については、介護の度合いが高く、就労継続支援（➡ P.100）を利用することができない人でも働く機会を得ることができる場所となっています。実際の作業では、障害があっても作業が効率的にできるようにつくられた治具等を用いるなど、利用者の状況に合わせて実施されています。

　そのほか、利用者が地域で暮らし続けるために医療機関等だけではなく、通っていた特別支援学校等の教育機関や介護保険のデイサービスへの移行のための介護保険施設との連携など、状況、年齢に合わせてさまざまな機関等とのかかわりが求められます。

生活介護と連携　図

第1章　障害者を支援する際、まず知っておきたいこと

第2章　障害者に関する法制度

第3章　障害者総合支援法

第4章　障害福祉サービスの使い方

第5章　障害福祉サービスの実践事例

第6章　障害者の生活を支える制度

生活介護の内容

これらの活動・体験をとおして、生活の場の拡大、利用者の状態に応じた地域社会での役割を生み出していくことが求められています。

生産・創作的活動

活動例：内職作業
手工芸等自主製品の作成
絵画、陶芸制作
音楽鑑賞　等

活動例：食事・入浴介助
医療的ケアの実施　等

活動例：散歩等軽運動
理学・作業療法士による
リハビリテーション　等

日常生活における介護

健康維持・増進支援

生活介護事業所の連携先

相談支援事業所

医療機関

地域社会

人生を支えるために、他領域との連携が必要不可欠

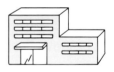

地域包括支援センター等

特別支援学校等

生活介護事業所
8637か所
（2020年）

高齢者施設

11

施設入所支援
（障害者支援施設）

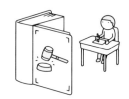

生活の場と日中活動の場を合わせて提供

　ノーマライゼーションの理念の浸透とともに、障害が重くても地域で生活していくための取組み、脱施設化の動きが進められてきた一方で、集団で暮らすような施設での入所支援も、症状が重い人や集団での生活のほうが安心する人などには、まだまだ必要な支援となります。

　施設入所支援は、各福祉法で規定されていた時代（旧法時代）にあった入所更生施設などの施設区分が廃止され、それに変わるサービスとして誕生しました。旧法時代の入所施設では日中活動も含め実施されていましたが、施設入所支援では、日中の活動は生活介護などで実施し、夜間における生活支援を行う場所として運用されています。多くは施設内で生活介護なども併設して一体的な運用をする「障害者支援施設」として運用していますが、**日中活動は外部にある別施設を使うことができる**ことも、旧法時代とは大きく異なる点です。

重度障害者、高齢障害者への対応

　共同生活援助（➡ P.92）は、重度障害者にも門戸が広がっているとはいえ、基本的には軽度の人を主たる対象としています。一方で、施設入所支援は主に中度から重度の障害のある人を対象にしているところが大きな違いとなります。

　前述のとおり、地域移行が進められていることから、退所者は増加傾向にありますが、逆にいえば、障害が重い人や高齢障害者など、退所して地域で生活することが難しい人にとっては大事な生活拠点としての役割を果たしています。

施設入所支援の体制

旧体系

入所施設

$$
\left.\begin{array}{c}
日中活動 \\
+ \\
夜間の介護等、居住の場
\end{array}\right\}
$$

新体系

日中活動

生活介護、就労継続支援B型など

施設入所支援

（夜間の介護等、居住の場）

平日　　　休日

※日中活動と居住の場は一体。
　（入所施設とは別の日中活動の選択は不可能）

※入所施設から離れて、日中活動の選択が可能に

障害者支援施設に求められる役割

地域に対する役割

センター・オブ・センターとしての役割
施設入所支援以外の多様なサービスを外部に開放、セーフティーネットとしての短期入所機能、障害特性に応じての研修の実施など

施設内での役割

重度障害
高齢障害

→

夜間の介護、居住の場
強度障害への対応
医療的ケア
看取り・終末期対応

各種サービスによって地域生活が可能と思われる障害者

→

地域生活へ移行促進

障害者支援施設は、2570か所（2020年）あります。

第1章　障害者を支援する際、まず知っておきたいこと

第2章　障害者に関する法制度

第3章　障害者総合支援法

第4章　障害福祉サービスの使い方

第5章　障害福祉サービスの実践事例

第6章　障害者の生活を支える制度

12
共同生活援助
（グループホーム）

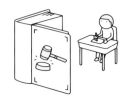

安心して生活できる地域生活の基盤

　障害者が安心して地域生活を送るためには、**医衣食住をいかに確保する**かが重要な課題となります。特に生活の基盤となる住居の確保は大きな問題として考えられています。病院、施設から出て生活したいけど、まだ一人暮らしをする自信はない、一人暮らしをする前の練習の場所がほしいといったニーズに対応する支援が**共同生活援助**（以下、**「グループホーム」**という）です。対象は広く「障害者」となっています。

　専用に建てられた建物を使う場合や、民間住宅やアパートなどを活用して運用されている場合があります。いずれにせよ一人ひとりに個室が設けられるのが原則です。自立した地域生活を送るための施設であることから、住宅地に設置され、ひと目ではグループホームであることがわからない施設も少なくありません。居宅介護、短期入所と並んで地域生活の基盤となる施設であり、利用者は増加傾向をたどっています。

より重度の人でも地域生活を送れるように

　利用者は比較的障害が軽く基本的に自分で対応できる人から、一定の介護が必要な人までさまざまです。そのため、グループホームには、基本的には介護が不要な人を対象とし、介護サービスが必要な際は外部に委託する**外部サービス利用型**と、一定の介護が必要な人を中心に対応する**介護サービス包括型**があります。加えて、グループホームは基本、夜間対応であり、重度の人を受け入れる体制がとられていなかったことから、より重度の人でも地域生活を送れる制度にするため、2018（平成30）年の改正時に常時介護サービスを提供する**日中サービス支援型**が新設されました。設置数としてはまだ少数ですが、今後の設置数拡大が期待されます。

グループホームの体系と事業所数

> 日中サービス支援型は短期入所も併設することが必要です

	共同生活援助（グループホーム）		
	外部サービス利用型	介護サービス包括型	日中サービス支援型
利用対象者	障害支援区分にかかわらず利用可能		
サービス内容	主に夜間における食事や入浴等の介護や相談等の日常生活上の援助		
介護が必要な者への対応	外部の居宅介護事業所に委託	当該事業所の従業者により介護サービスを提供	当該事業所の従業者により常時の介護サービスを提供
事業所数	1321	7718	182（2018年4月〜）
利用者数	1万5551人	11万4554人	2344人（2018年4月〜）

事業所数・利用者数については、国保連2020年4月サービス提供分実績

介護サービス包括型のイメージ

〈市町村〉

報酬支払

〈グループホーム〉

〈世話人・生活支援員〉

個別支援計画の作成
日常生活の援助
食事等の介護

運営者

原則、利用不可

居宅介護事業所

〈ホームヘルパー〉

> ★重度の障害者に限って、個人単位のホームヘルプ利用を認める（現行の特例措置の延長）

日中サービス支援型のイメージ

障害者支援施設

精神科病院

地域移行の促進、地域生活の継続

重度・高齢の障害者の地域移行の受け皿

利用者の日中活動サービス利用を促進

日中サービス支援型グループホーム

短期入所

※昼夜を通じて1人以上の職員を配置。

※短期入所（1〜5人）を併設

※利用者が充実した地域生活を送ることができるよう外出や余暇活動等の社会生活上の支援を実施

日中活動サービス事業者（生活介護等）

緊密な連携

緊急時の受入

在宅の障害者

活動状況の報告（年1回以上）

評価・助言

3か月ごとのモニタリング

適正な支援の確保

緊急一時的な宿泊の場の提供

地方公共団体が設置する協議会

相談支援事業所
※別法人が望ましい

第1章 障害者を支援する際、まず知っておきたいこと
第2章 障害者に関する法制度
第3章 障害者総合支援法
第4章 障害福祉サービスの使い方
第5章 障害福祉サービスの実践事例
第6章 障害者の生活を支える制度

13

自立生活援助

一人暮らしの伴走者として

病院や入所施設を経て一人暮らしをすることを決めた人や、グループホームを中間施設として経験を積み、一人暮らしを始めた人へのスタートアップ支援について、これまでかかわってきた施設の職員が独自に行っているケースは少なくありません。しかし、そうした場合、本来の業務もあり、片手間に十分な支援を行うことは困難でした。そこで一人暮らしに移行した人に対して、一定期間の間支援を行うサービスとして自立生活援助が設置されました。

自立生活援助は居宅介護とは異なり、家事援助や介護を行うわけではなく、定期巡回や個別連絡を受けて訪問を行い、必要な相談援助や関係機関などとの連絡調整を行っていきます。ただ利用者の様子を見るだけではなく、地域のなかで生活を続けていくために、地域の諸機関や住民等との関係性の橋渡しをすることも期待されているサービスです。

対象は入所・入院していた人に限定

規定された施設に入所・入院していた人を対象としており、障害者総合支援法における入所系施設や精神科病院のほか、刑事施設等に収容されていた人や更生保護施設などに入所していた人も含まれます。一方で、「通所施設は利用して自宅で生活していた人が、新たに一人暮らしを始める」といったケースには適応していません。

また、原則として一人暮らしのスタートアップとして設定されていることから、標準利用期間は1年間とされています。ただし、標準利用期間（1年間）を超えてさらにサービスが必要な場合は、市町村審査会の個別審査を要件とした上で、複数回の更新が認められています。

自立生活援助の内容 図

自立生活援助のイメージ

| 施設 | グループホーム | 病院 | 等 |

一人暮らしを希望する
障害者が移行

 居宅　 居宅　 居宅　居宅　 居宅

相談要請

定期的な巡回訪問
（例：週1〜2回）

随時対応
（訪問、電話、メール等）

自立生活援助事業所

自立生活援助の支援内容

食事や掃除、洗濯などに課題はないか
公共料金や家賃の滞納はないか
地域住民との関係は良好か

｝ などを確認し、
必要な助言や関係機関との連絡調整を行う

第1章 障害者を支援する際、まず知っておきたいこと
第2章 障害者に関する法制度
第3章 障害者総合支援法
第4章 障害福祉サービスの使い方
第5章 障害福祉サービスの実践事例
第6章 障害者の生活を支える制度

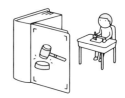

14

自立訓練

状況に合わせた類型を用意

規則正しい生活リズム、必要な栄養を摂れる食生活、自身の障害状況に応じた行動能力等、地域生活を行うにあたって求められる能力はさまざまです。そのための訓練を行う場所として**自立訓練**が設置されています。自立訓練には、**身体的リハビリテーションが必要な人のために実施される機能訓練**と、**生活能力の獲得を目指す人を対象に実施する生活訓練**があります。生活訓練については、地域生活に向けて、日中活動後に宿泊しながら訓練を受けることができる宿泊型も用意されています。

自立訓練には標準利用期間が定められており、機能訓練は18か月（頚椎損傷による四肢麻痺等の場合は36か月）、生活訓練の場合は24か月（長期入院者等の場合は36か月）となっています。以前は身体障害の人は機能訓練、知的、精神障害の人は生活訓練と、利用対象を分けていましたが、2018（平成30）年度より障害によらず利用できるようになりました。ただ、現状では機能訓練の利用者はほとんどが身体障害です。

社会リハビリテーションの実践の場

地域社会のなかで生活するだけでなく、そのなかで自分のニーズを満たし、自らの人生を主体的に生きていくための力である「社会生活力」を高めるためのプロセスを社会リハビリテーションと呼びますが、自立訓練（とりわけ生活訓練）は、この**社会リハビリテーションを実施する場**であるといえます。ただ単に身体的リハビリテーションや生活能力の獲得を目指すだけではなく、訓練によって得た能力を活かし、利用者が社会参加も行いながら地域で生活を送っていけるように、支援を進めていく視点も重要です。

自立訓練の内容　図

第1章　障害者を支援する際、まず知っておきたいこと

第2章　障害者に関する法制度

第3章　障害者総合支援法

第4章　障害福祉サービスの使い方

第5章　障害福祉サービスの実践事例

第6章　障害者の生活を支える制度

機能訓練と生活訓練

	機能訓練	生活訓練
対象者	障害の区別なく利用可能	
支援内容	理学療法、作業療法その他必要なリハビリテーション、生活に関する相談や助言など必要な支援	入浴、排泄および食事などに関する自立した日常生活を営むための必要な訓練や生活に関する相談や助言など必要な支援
標準利用期間	18か月	24か月

宿泊型自立訓練では、施設の居室を利用してもらい、家事などの日常生活能力を向上させるための支援、生活に関する相談や助言などの支援を行います。

自立訓練（生活訓練）で得られる能力のイメージ

自立訓練（生活訓練）

 身だしなみ、掃除、料理、家事など
生活スキル

 体力づくり、薬の服薬について、ストレスマネジメントなど
心と身体の健康管理

 お金の管理、買い物、交通機関の利用の仕方など
社会スキル

 対人関係のルールやマナー、社会生活技能訓練（SST）など
コミュニケーション

自分らしく「暮らす」

▷ 地域のなかで楽しく暮らす
▷ 一人暮らし

新しいことへのチャレンジ

▷ 自分の可能性を広げる
▷ 自分を「知る」

自分らしく「働く」

▷ 就職に向けての訓練
▷ 福祉的就労
▷ 一般企業への就職

15
就労移行支援・就労定着支援

「働く」を通して人生を豊かに

　就労によって生活の糧だけでなく自尊心や達成感を得ることは、より実りある豊かな人生にしていく上で重要な要素といえますが、それは、障害者にとっても同様です。一方で、働くためには、ただ単に作業能力があるだけでなく、自身の心身状況を管理し、日常生活を規則正しく送ること、企業において求められる就業姿勢を身につけておくことも必要です。そのための訓練を行い、また就業後に働き続けていくための支援を行うのが、**就労移行支援**と**就労定着支援**です。これらの支援では、自施設の活動だけではなく、ハローワークや障害者職業センター、障害者就業・生活支援センター等と連携し、利用者の就労活動が継続できるよう支援体制を整えていきます。

働き続けるために必要なのは、作業能力だけではない

　働く上で必要となる基本的な作業能力のほか、職場ごとに求められる能力は異なり、それらは職場内のOJT等によって身につけることができます。そのため、就労移行支援では、その手前にある、定時出勤や指示に対する理解、職場内での人間関係の構築などといった**職業生活能力**と、日常から身なりを整え、規則正しい生活を送り、移動や社会生活上必要なことを行う**日常生活能力**を高め、就職支援を行うのが**就労移行支援**です。

　また、就職できたら終わり、ではありません。就職後、**その仕事を続けることができるか**も問題です。業務内容に対応できない場合は転職を考えることも必要ですが、就職により生活が一変したことから、今までうまくいっていた生活習慣が崩れ、結果的に就労継続が困難となり離職するケースも多く、**就労定着支援**ではそういったことを防ぐために、就労後の生活に関して継続的な支援を行います。

第1章　障害者を支援する際、まず知っておきたいこと

第2章　障害者に関する法制度

第3章　障害者総合支援法

第4章　障害福祉サービスの使い方

第5章　障害福祉サービスの実践事例

第6章　障害者の生活を支える制度

就労移行支援と就労定着支援

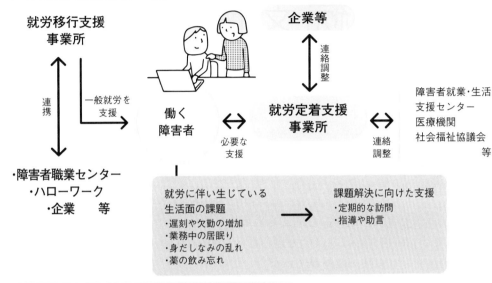

就労移行支援事業所

連携

一般就労を支援

・障害者職業センター
・ハローワーク
・企業　等

働く障害者

必要な支援

企業等

連絡調整

就労定着支援事業所

連絡調整

障害者就業・生活支援センター
医療機関
社会福祉協議会　等

就労に伴い生じている生活面の課題
・遅刻や欠勤の増加
・業務中の居眠り
・身だしなみの乱れ
・薬の飲み忘れ

課題解決に向けた支援
・定期的な訪問
・指導や助言

就労移行支援・就労定着支援と諸機関との連携

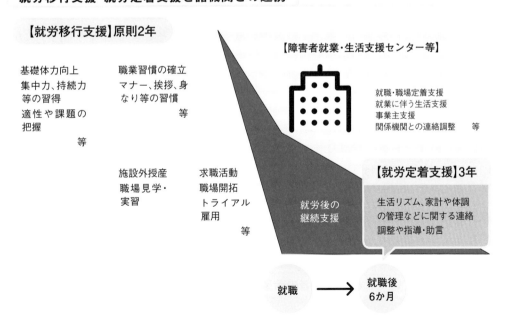

【就労移行支援】原則2年

基礎体力向上
集中力、持続力
等の習得
適性や課題の把握
　　　等

職業習慣の確立
マナー、挨拶、身なり等の習慣
　　　　　等

【障害者就業・生活支援センター等】

就職・職場定着支援
就業に伴う生活支援
事業主支援
関係機関との連絡調整　等

施設外授産
職場見学・実習

求職活動
職場開拓
トライアル雇用
　　　等

就労後の継続支援

【就労定着支援】3年

生活リズム、家計や体調の管理などに関する連絡調整や指導・助言

就職　→　就職後6か月

15　就労移行支援・就労定着支援　99

16

就労継続支援

働く場所、居場所など、さまざまな側面をもつ

就労移行支援で就労できたものの、実際に働くとなると予想以上に負担が大きかった、働きたいけれど、自分にできるのか自信がないなど、就労を目指す際のハードルは人によって異なります。まずは「働く経験をしてみたい」「支援を受けながら働いてみたい」、あるいは「自分のペースでできることをやっていきたい」といったニーズに応える場を提供するのが**就労継続支援**です。

就労継続支援では、障害の程度や、どの程度の就労を求めているかによって2種類の支援が用意されています。一般企業での就労（一般就労）は困難であるが、支援があれば相当程度の就労能力がある場合には**就労継続支援A型**、そこまでの就労能力がなかったり、就労もしたいが、日中の居場所として安心して過ごすことができる場がほしいという人に対して提供されるのが**就労継続支援B型**です。

A型は最低賃金保証

対象者はA型とB型で異なりますが、その他の大きな違いとして、A型は原則として雇用契約に基づいて行われ、**最低賃金**以上の金額が支払われる点です。B型では、作業により得た収入が利用者に**工賃**として分配されますが、その金額は施設ごとで異なり時給換算で100〜300円程度が多くなっています。

また、A型、B型ともに福祉的就労と呼ばれていますが、そこでの就労がゴールと簡単に考えるのではなく、例えばA型の利用者は一般就労を、B型の利用者は、A型や一般就労を目指していくなど、利用者の希望をもとに支援していくことが大切です。

就労継続支援事業

	就労継続支援A型事業	就労継続支援B型事業
対象	一般就労が難しい者	一般就労およびA型事業所での就労が難しい者
年齢条件	原則18歳～65歳未満	年齢制限なし
雇用契約	あり	なし
報酬	原則最低賃金を超える賃金あり	作業工賃あり
平均賃金（工賃）	7万9625円（2020年度）	1万5776円（2020年度）
施設数	3929か所（2020年度）	1万3355か所（2020年度）

都道府県によって工賃倍増計画がつくられています。

就労系サービスの関係

就労移行支援
企業等への就労を希望する者

就労継続支援A型

①移行支援事業を利用したが、企業等の雇用に結びつかなかった者
②特別支援学校を卒業後、企業等の雇用に結びつかなかった者
③就労経験のある者で、現に雇用関係の状態にない者

就労継続支援B型

①就労経験がある者であって、年齢や体力の面で一般企業に雇用されることが困難となった者
②50歳に達している者または障害基礎年金1級受給者
③①および②に該当しない者で、就労移行支援事業者等によるアセスメントにより、就労面にかかる課題等の把握が行われている者

福祉的就労

いずれの形態からでも一般就労は可能です。

第1章　障害者を支援する際、まず知っておきたいこと

第2章　障害者に関する法制度

第3章　障害者総合支援法

第4章　障害福祉サービスの使い方

第5章　障害福祉サービスの実践事例

第6章　障害者の生活を支える制度

17
自立支援医療

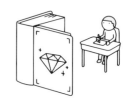

医療費の高額化を防ぐ

　障害によって、症状の改善のための手術や、定期的な通院が必要となるなど、医療費負担が重くのしかかる場合があります。そのため、医療費による生活困窮を引き起こすことがないように設定されているのが**自立支援医療**です。

　自立支援医療は、**旧法時代**にあった更生医療、育成医療、精神障害者通院医療費公費負担制度を統合する形でつくられました。すべての障害者が対象というわけではなく、障害児、身体障害者については障害の除去、軽減の効果が期待できる医療であること、精神障害者については継続的な医療が必要な者に限定されていることに注意が必要です。**医療費は１割負担**となっていますが、世帯収入による上限設定がされており、費用が高額な治療を長期にわたり継続しなければならない**（重度かつ継続）**場合については、さらに軽減措置がとられます。なお、どこの医療機関でもよいというわけではなく、受給者証に記載された医療機関と薬局に限られ、１年ごとの更新が必要です。転院などをする場合は、改めて自立支援医療の手続きも行う必要があることに注意が必要です。

自治体ごとの医療費助成もある

　自立支援医療は障害者総合支援法の制度として全国一律で実施されていますが、そのほかにも医療費軽減措置を自治体が独自で実施している場合があります。東京都の場合、心身障害者医療費助成制度（マル障）と呼ばれ、特に障害が重い場合に、自己負担分を軽減します。これは自治体の制度であり、自治体によって名称や対象者、支援の内容に差があります。自身が該当するかどうかは、医療機関のソーシャルワーカーや自治体窓口等で確認できます。

第1章 障害者を支援する際、まず知っておきたいこと
第2章 障害者に関する法制度
第3章 障害者総合支援法
第4章 障害福祉サービスの使い方
第5章 障害福祉サービスの実践事例
第6章 障害者の生活を支える制度

自立支援医療と利用者負担　図

利用者負担の枠組み

枠内は2024年度までの経過措置

所得区分		更生医療・精神通院医療	育成医療	重度かつ継続	
一定所得以上		対象外	対象外	2万円	市町村民税23万5000円以上
中間所得	中間所得2	医療保険の高額療養費 ※精神通院の殆どは重度かつ継続	1万円	1万円	市町村民税課税以上23万5000円未満 （市町村民税3万3000円以上23万5000円未満）
	中間所得1		5000円	5000円	（市町村民税課税以上3万3000円未満）
低所得2		5000円	5000円	5000円	市町村民税非課税（本人収入が80万1円以上）
低所得1		2500円	2500円	2500円	市町村民税非課税（本人収入が80万円以下）
生活保護		0円	0円	0円	生活保護世帯

自立支援医療（更生医療・育成医療）で適応される医療の例

自立支援医療（更生医療・育成医療）は、その障害を除去・軽減する手術等の治療によって確実に効果が期待できるものに対してのみ行われ、それ以外の受診等には適応されません。

視力障害
白内障→水晶体摘出手術
網膜剥離→網膜剥離手術

肢体不自由
関節拘縮、関節硬直
→形成術、人工関節置換術等

腎臓
腎臓機能障害
→人工透析療法、腎臓移植術（抗免疫療法法を含む）

免疫
HIVによる免疫機能障害
→抗HIV療法、免疫調節療法等

自立支援医療（精神通院医療）については、再発を予防するため、継続的に利用することが可能です。精神科デイケアなども対象となっています。

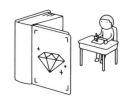

18

補装具

補装具の購入費用も負担

補装具とは、身体の欠損または損なわれた身体機能を補完・代替する用具を指し、具体的には義肢や装具、安全杖や補聴器、車いすなどが該当します。しかし、これらは決して安いものではなく、また、使用状況により買い換える必要がでてくる場合もあるため、購入負担で生活に支障が生じないようにするのが、**補装具費支給制度**です。補装具費は補装具種類ごとに定められている基準額から利用者負担（1割）を引いた額となっており、さらに所得状況により利用者負担の上限金額が設定されています。

なお、補装具費支給制度は、障害固定後、日常生活用として支給されるため、事故等により障害を負い、その治療の一環としてつくられる補装具の場合は医療保険から、その障害が労働災害による場合は労災保険から支給することが原則です。また高齢障害者の場合、介護保険による福祉用具貸与で対応できるものであれば、介護保険が優先されます。

一部については借受けも可能

障害児や進行性の障害の場合、身体の成長や、障害の進行状況によって、買い替えのサイクルが短くなることもあり、1割負担とはいえ金銭的負担が大きくなりがちです。そのため、一部の補装具については購入ではなく借受けをすることができるようになっています。

購入、借受けいずれも自分で選べるわけではなく、市町村への申請後、身体障害者更生相談所等の判定を受けて支給決定されます。購入方法にあたっては、先に全額を払う償還方式と自己負担のみを払う代理受領方式がありますので、市町村への申請時に確認する必要があります。

第1章　障害者を支援する際、まず知っておきたいこと

第2章　障害者に関する法制度

第3章　障害者総合支援法

第4章　障害福祉サービスの使い方

第5章　障害福祉サービスの実践事例

第6章　障害者の生活を支える制度

補装具費支給制度

対象者

補装具を必要とする身体障害児・者
障害者総合支援法の対象となる難病患者等

対象となる補装具

障害者が日常生活を送る上で必要な移動等の確保や、就労場面における能率の向上を図ることおよび障害児が将来、社会人として独立自活するための素地を育成助長することを目的として、身体の欠損または損なわれた身体機能を補完・代替する用具

利用者負担

原則給付内容の1割
※申請者の世帯の所得に応じて負担上限額あり

治療やリハビリテーションのために使用される装具は対象となりません。

補装具支給の流れ

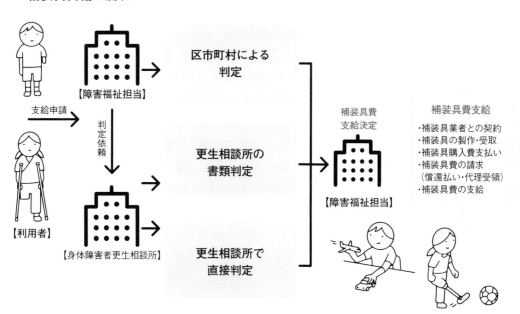

支給申請

【障害福祉担当】

判定依頼

区市町村による判定

更生相談所の書類判定

【身体障害者更生相談所】

【利用者】

更生相談所で直接判定

補装具費支給決定

【障害福祉担当】

補装具費支給
・補装具業者との契約
・補装具の製作・受取
・補装具購入費支払い
・補装具費の請求
　（償還払い・代理受領）
・補装具費の支給

19

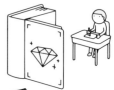

一般・特定相談支援事業

身近にある相談場所

　障害者として何らかのサービスを受ける際、どのようなサービスがあるのか知っている人はそれほど多くはありません。また普段の生活のなかで、これについてはどうしたらいいのだろう？　という困りごとも出てきます。そのような相談に応える場として市町村の窓口のほかに、地域のなかにある**相談支援事業所**があります。障害福祉サービス事業所に併設するケースや、単独の事業所として運用しているところなどさまざまですが、**障害のある人の身近にある相談場所**として機能しています。

困りごとの相談、ケアマネジメントから地域移行まで

　指定相談支援事業所と銘打っているところは、いずれも困りごとに対する相談支援を行う**「基本相談支援」**を請け負っていますが、さらに障害福祉サービスを受けるにあたってのサービス等利用計画の作成、モニタリングの実施を行う**「計画相談支援」**を担う**特定相談支援事業所**と、医療機関や施設から出て地域生活を送りたいという人の相談、支援を行う「地域移行支援・地域定着支援」を担う**一般相談支援事業所**の2種類に分けられます。なお、歴史的には地域移行支援・地域定着支援のほうが長いのですが、設置数は、圧倒的に計画相談支援を行う事業所が多い状況となっています。

　相談支援事業所はほかにも、市町村からの委託を受け、地域生活支援事業における相談支援事業や、入居できる住宅を得ることが困難な障害者に対して支援を行う住宅入居等支援事業（居住サポート事業）などを行っているところもあります。その他、児童福祉法で行われる児童発達支援や放課後等デイサービスといった障害児通所事業を利用する際に必要な、障害児支援利用計画を作成する（障害児計画相談支援）事業所もあります。

一般相談支援と特定相談支援

一般相談支援事業所 （都道府県・指定都市・中核市指定）		特定相談支援事業所 （市町村指定）
地域相談支援	基本相談支援	計画相談支援
・地域移行支援 ・地域定着支援	各事業に関連する相談に ついて対応	・サービス利用支援 ・継続サービス利用支援

特定相談支援事業と各障害福祉サービス事業者との関係

指定特定相談支援事業者
（計画作成担当）

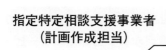

ア
セ
ス
メ
ン
ト

・障害者の心身の状況
・その置かれている環境
・日常生活の状況
・現に受けているサービス
・サービス利用の意向
・支援する上で解決すべき課題
・その他

サ
ー
ビ
ス
等
利
用
計
画

・生活に対する意向
・総合的な援助の方針
・解決すべき課題
・サービスの目的（長期・短期）
・その達成時期
・サービスの種類・内容・量
・サービス提供の留意事項

障害福祉サービスに
加え、保健医療サー
ビス、その他の福祉
サービスや地域住
民の自発的活動な
ども計画に位置づ
けるよう努める

複数サービスに共通の支援目標、
複数サービスの役割分担、
利用者の環境調整等、
総合的な支援計画をつくる

サービス事業者 ←

サービス事業者

ア
セ
ス
メ
ン
ト

・置かれている環境
・日常生活の状況
・利用者の希望する生活
・課題
・その他

個
別
支
援
計
画

サービス等利用計画を受け
て、自らの障害福祉サービス
事業所のなかでの取組みにつ
いて具体的に掘り下げて計画
を作成するよう努める

第
1
章

障害者を支援する際、
まず知っておきたいこと

第
2
章

障害者に関する
法制度

第
3
章

障害者
総合支援法

第
4
章

障害福祉サービス
の使い方

第
5
章

障害福祉サービス
の実践事例

第
6
章

障害者の生活を
支える制度

20
共生型サービス

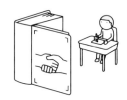

介護保険事業所でも障害福祉サービスを提供

　中山間地域など、もともとサービス量が乏しい地域の場合、受けたい障害福祉サービスを行う施設がない、ということがあります。そのような場合に施設基準は満たしていないものの、介護保険の基準を満たす事業所が障害福祉サービスを提供することができる制度を**基準該当**と呼びます。ただし、これはその介護保険事業と同様のサービスと考えられる障害福祉サービス（例えば介護保険の通所介護であれば、障害者総合支援法の生活介護など）に限定されますが、これにより、新規に施設を立ち上げることなく障害福祉サービスを展開することが可能となっています。

地域共生社会を支える仕組みの一つとして

　しかし、基準該当はあくまでも特例であり、その実施可否については市町村の判断に委ねられます。また障害福祉サービス事業所が介護保険サービスを提供する基準該当は実施が難しいこと、報酬も一律であることが課題となっていました。

　そこで、新たな制度として2018（平成30）年度より**共生型サービス**が実施されることとなりました。これは介護保険サービスもしくは障害福祉サービスいずれかの指定を受けている事業所が、もう一方の指定を受けやすくするもので、基準該当と異なり、全国一律のサービスとして設定されています。現行制度上、65歳以上になった際、原則として使い慣れた施設から介護保険施設へ移行しなければなりませんが、共生型サービスにより**今まで使っていた事業所を、利用制度が介護保険に変わっても継続して使える**という可能性が広がりました。また、特に中山間地域などでも、限りのある人的資源を活用できるようになることが期待されています。

共生型サービスのイメージと対象　図

共生型サービスのイメージ

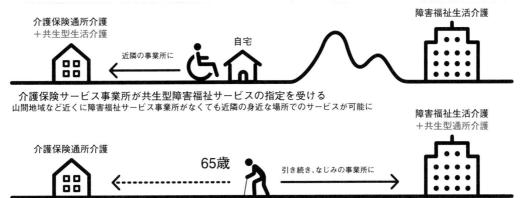

介護保険通所介護
＋共生型生活介護

自宅

障害福祉生活介護

近隣の事業所に

介護保険サービス事業所が共生型障害福祉サービスの指定を受ける
山間地域など近くに障害福祉サービス事業所がなくても近隣の身近な場所でのサービスが可能に

介護保険通所介護

65歳

引き続き、なじみの事業所に

障害福祉生活介護
＋共生型通所介護

障害福祉サービス事業所が共生型介護サービスの指定を受ける
なじみの事業所から介護サービス事業所への移行が不要に

共生型サービスの対象

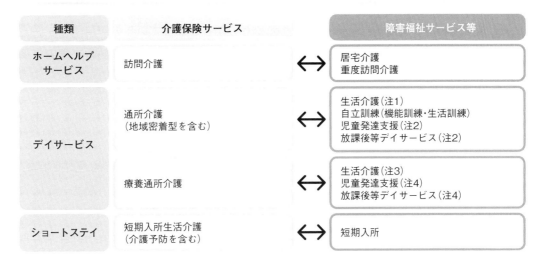

種類	介護保険サービス		障害福祉サービス等
ホームヘルプサービス	訪問介護	↔	居宅介護 重度訪問介護
デイサービス	通所介護 （地域密着型を含む）	↔	生活介護（注1） 自立訓練（機能訓練・生活訓練） 児童発達支援（注2） 放課後等デイサービス（注2）
	療養通所介護	↔	生活介護（注3） 児童発達支援（注4） 放課後等デイサービス（注4）
ショートステイ	短期入所生活介護 （介護予防を含む）	↔	短期入所

※小規模多機能型居宅介護などの一体的サービスは、介護保険における「通い」「泊まり」の機能に応じた障害福祉サービスを提供できます。

（注1）主に重症心身障害者を通わせる事業所を除く　　（注2）主に重症心身障害児を通わせる事業所を除く
（注3）主に重症心身障害者を通わせる事業所に限る　　（注4）主に重症心身障害児を通わせる事業所に限る

第1章　障害者を支援する際、まず知っておきたいこと

第2章　障害者に関する法制度

第3章　障害者総合支援法

第4章　障害福祉サービスの使い方

第5章　障害福祉サービスの実践事例

第6章　障害者の生活を支える制度

21

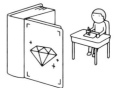

地域生活支援事業

地域の実情に合わせたサービスを展開

　障害者総合支援法で提供されるサービスには、全国一律で実施される自立支援給付のほか、自治体の判断に基づいて実施される**地域生活支援事業**があります。この事業は地域状況や住民の求めているものは地域ごとに異なることから、自治体の状況にあったサービスを提供できるようにしたものです。内容については、都道府県と市町村でメニューが異なり、市町村は直接支援や住民に対して行う事業を主とし、都道府県はよりサービスを受けやすくするための基盤を整えるものが多くなっているのが特徴です。

　また、そのなかでも実施することが求められる必須事業と、自治体の判断で実施するかどうかを決定することができる任意事業に分かれています。

市町村と都道府県ごとの実施事業

　例えば、市町村では相談支援事業や、社会参加をする上で、視覚障害や聴覚障害のある人が情報を得たり、自分の意見を伝えたりする意思疎通を支える意思疎通支援事業、地域活動支援センター機能強化事業などを必須事業、福祉ホームや訪問入浴サービスなどの日常生活支援や文化芸術振興、点字・声の広報等発行などの社会参加支援などを任意事業として位置づけられています。一方、都道府県では、在宅障害児等の療育支援を行うなどの専門性の高い相談支援事業や、専門性の高い手話通訳、要約筆記者の養成・派遣事業、その他広域的に実施すべき支援事業が必須となり、任意事業でも、各種研修や矯正施設等を退所した障害者の地域生活への移行促進、医療型短期入所事業所開設支援、都道府県障害者社会参加推進センター運営など市町村では実施が難しい事業を担当しています。

第1章　障害者を支援する際、まず知っておきたいこと

第2章　障害者に関する法制度

第3章　障害者総合支援法

第4章　障害福祉サービスの使い方

第5章　障害福祉サービスの実践事例

第6章　障害者の生活を支える制度

地域生活支援事業の必須事業

市町村必須事業

1 理解促進研修・啓発事業
2 自発的活動支援事業
3 相談支援事業
4 成年後見制度利用支援事業
5 成年後見制度法人後見支援事業
6 意思疎通支援事業
7 日常生活用具給付等事業
8 手話奉仕員養成研修事業
9 移動支援事業
10 地域活動支援センター機能強化事業

任意事業として、日常生活支援や社会参加支援、就業・就労支援等が行われる

都道府県必須事業

1 専門性の高い相談支援事業
2 専門性の高い意思疎通支援を行う者の養成研修事業
　（1）手話通訳者・要約筆記者養成研修事業
　（2）盲ろう者向け通訳・介助員養成研修事業
　（3）失語症者向け意思疎通支援者養成研修事業
3 専門性の高い意思疎通支援を行う者の派遣事業
　（1）手話通訳者・要約筆記者派遣事業
　（2）盲ろう者向け通訳・介助員派遣事業
　（3）失語症者向け意思疎通支援者派遣事業
4 意思疎通支援を行う者の派遣に係る市町村相互間の連絡調整事業
5 広域的な支援事業
　（1）都道府県相談支援体制整備事業
　（2）精神障害者地域生活支援広域調整等事業
　（3）発達障害者支援地域協議会による体制整備事業

意思疎通支援の手法

| 聴覚障害 | 手話、要約筆記 | |

意思疎通支援の支援者としては、手話奉仕員（日常会話）や手話通訳士・手話通訳者（高度・専門的内容）、要約筆記者、盲ろう者向け通訳・介助員、失語症者向け意思疎通支援者がいる

| 視覚障害 | 点訳、代読・代筆 | 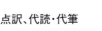 |

| 盲ろう者
（視覚障害＋聴覚障害） | 直接本人に接触する触覚手話、指点字、指文字
指点字
盲ろう者の指を6点入力の点字タイプライターに見立てて伝える方法 |  |

誰もが自分の思いを伝えることができる地域づくりのためにさまざまな意思疎通の支援が重要です。

| 失語症 | コミュニケーションボード等を活用した会話における理解や表現の補助 | |

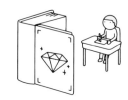

22

相談支援事業

地域生活支援事業における相談支援

相談支援事業所（➡ P.106）が行っている計画相談支援と地域移行支援・地域定着支援は、自立支援給付の一つとして実施されていますが、障害者本人や保護者等からのさまざまな相談事についての相談支援については、市町村が実施または委託して行う**地域生活支援事業**としても実施されています。ここでは各種サービスや専門機関についての情報提供や、社会資源の活用にあたっての助言指導、社会生活力の向上に向けた支援などが行われます。何か困ったことがあったときに、まず話を聞きに行く、という使い方をすることも可能です。

相談支援の中核となることが期待される基幹相談支援センター

相談支援事業所の母体はさまざまで、身体障害の支援は得意な一方で精神障害の支援は経験が少ないなど、それぞれに特徴がありますが、利用者側からすると、自分の障害に強い事業所はどこなのかがわからない、というケースも出てきます。また、相談支援者側も、障害者本人の問題だけでなく家族や環境の問題なども絡み合うような困難事例に悩むことがあります。そのような際に活用できるのが、**基幹相談支援センター**です。

基幹相談支援センターは任意設置ではありますが、**3障害すべてに対応することができるワンストップサービス**としての機能を有しています。その他、地域の相談支援体制を支え、強化していく役割も担っており、自治体に設置されている各相談支援事業所に対する助言指導や、サービス等利用計画の点検・評価などを通しての人材育成、その他、権利擁護活動や、障害者への虐待防止活動の実施など、各市町村における相談支援の中核としての役割を担っています。

基幹相談支援センター　図

「基本相談支援」と「地域生活支援事業の相談支援事業」の違い

特定相談支援事業所
一般相談支援事業所における
基本相談支援

計画相談支援等に
必要な範囲で行うもの

地域生活支援事業の
相談支援事業

一般的な相談のほか、計画相談支援
等の対象とならない事例や支援区
分認定が難しい事例も積極的、真摯
に対応することが必要

基幹相談支援センターの役割

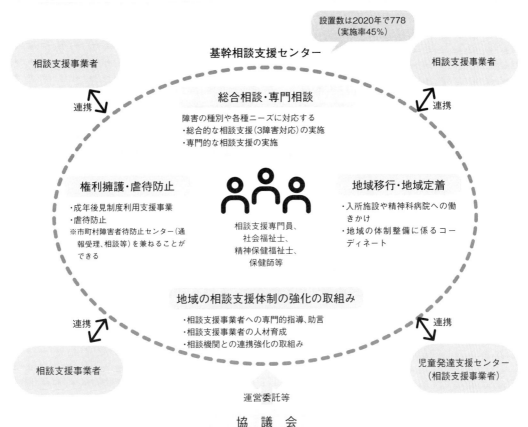

設置数は2020年で778
（実施率45%）

基幹相談支援センター

相談支援事業者

連携

総合相談・専門相談
障害の種別や各種ニーズに対応する
・総合的な相談支援（3障害対応）の実施
・専門的な相談支援の実施

相談支援事業者

連携

権利擁護・虐待防止
・成年後見制度利用支援事業
・虐待防止
※市町村障害者虐待防止センター（通報受理、相談等）を兼ねることができる

相談支援専門員、
社会福祉士、
精神保健福祉士、
保健師等

地域移行・地域定着
・入所施設や精神科病院への働きかけ
・地域の体制整備に係るコーディネート

地域の相談支援体制の強化の取組み
・相談支援事業者への専門的指導、助言
・相談支援事業者の人材育成
・相談機関との連携強化の取組み

連携

相談支援事業者

連携

児童発達支援センター
（相談支援事業者）

運営委託等

協　議　会

第1章　障害者を支援する際、まず知っておきたいこと
第2章　障害者に関する法制度
第3章　障害者総合支援法
第4章　障害福祉サービスの使い方
第5章　障害福祉サービスの実践事例
第6章　障害者の生活を支える制度

23

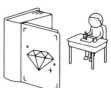

住宅入居等支援事業
（居住サポート事業）

安心して生活できる住居の確保

障害者の地域生活支援策には、障害年金や生活保護、自立支援医療などのさまざまなものがありますが、先述したとおり生活の基盤となる住居の確保は以前から大きな課題となっています。自宅を保有していない場合、グループホームなどの施設を利用するか、公営住宅もしくは民間の賃貸住宅などを利用することになりますが、グループホームや公営住宅は必ず空きがあるわけでもなく、また、民間の賃貸住宅を利用しようとしても、設備が整っていないなどの環境上の理由や、精神障害者は何をするかわからないからという理不尽な理由で断られるケースもいまだ少なくありません。そのような際に活用する事業として、相談支援事業所が行う**住宅入居等支援事業（居住サポート事業）**があります。

国土交通省との連携事業

居住サポート事業は、不動産業者に対する一般住宅のあっせん依頼、障害者と家主等との入居契約手続きにかかる支援、保証人が必要となる場合における調整、家主等に対する相談・助言、入居後の24時間体制で緊急時における対応等を行うものです。

この事業は、国土交通省が実施している**あんしん賃貸支援事業**（賃貸住宅の契約が困難なケースが多い障害者や高齢者、母子家庭、外国人等を対象に入居を受け入れることとして、都道府県等に登録された民間賃貸住宅（あんしん賃貸住宅）に関する情報提供や居住支援等を行う事業）との連携も行われています。これにより、受け入れが可能な住居の情報をあんしん賃貸支援事業で実施し、入居時、入居後の本人や家主等への支援を居住サポート事業で実施するという体制を整えています。

住居に対する支援体制　図

国土交通省　　　厚生労働省

あんしん賃貸
支援事業

地域の支援体制で
サポート

就労先企業

あんしん賃貸住宅提供者

親族等

あんしん賃貸支援事業協力店

賃貸借契約の締結

利用者

医療機関等

家主等

居住サポートの提供

入居に係る調整等

緊急時等対応

福祉サービス事業者

市町村

物件の登録依頼

物件の仲介

委託

支援体制の調整

相談・助言

居住サポート事業者
（相談支援事業者等）

あんしん賃貸支援
事業協力店
（仲介業者）

物件の斡旋

連携

【事業内容】
○24時間支援（緊急時等の対応）
○地域の支援体制に係る調整
　（関係機関等との連絡・調整）
○入居支援
　（あんしん賃貸支援事業協力店へ依頼、調整等）

物件斡旋の依頼

物件の登録

登録情報の閲覧（インターネット）

情報データベース（インターネットで情報提供）

第1章　障害者を支援する際、まず知っておきたいこと

第2章　障害者に関する法制度

第3章　障害者総合支援法

第4章　障害福祉サービスの使い方

第5章　障害福祉サービスの実践事例

第6章　障害者の生活を支える制度

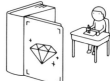

24 地域活動支援センター

居場所や創作活動、相談など幅広いニーズに応える

旧法時代における授産施設などの多くは就労継続支援B型などに移行しましたが、その当時から法定外サービスとして無認可作業所を運用していたところや、精神障害者地域生活支援センターといった、日中の居場所・相談機能を担っていた事業所が移行したのが**地域活動支援センター**です。

地域活動支援センターは、基礎的事業の1階部分とⅠ型からⅢ型に分けられた機能強化事業の2階部分による、2階建ての事業となっており、すべての事業所が行う基礎的事業では、創作的活動、生産活動の提供や社会との交流活動を行うことになっています。

2階部分はそれぞれ事業内容が異なる

機能強化事業のⅠ型は地域社会との連携を進め、ボランティアの育成や障害に対する理解促進を行い、合わせて相談支援事業も実施することが求められるため、配置人員についても精神保健福祉士等の専門職員を置くことが求められています。

Ⅱ型は機能訓練や社会生活訓練などのリハビリテーションを行うことで、自立した生活を送るための支援を中心に実施します。また、Ⅲ型は旧法時代における無認可作業所などが移行することを念頭に設置されたもので、設置にあたり求められるのは5年以上の活動実績であり、Ⅰ型・Ⅱ型のように、基礎的事業に新たな事業内容を付加するということはありません。

これらは障害福祉サービスとは異なり、いずれも補助金での運用となっていることから、食費や制作活動、レクリエーション等にかかる実費を除いて、利用自体に料金が発生することはほとんどありません。

地域活動支援センター

第1章　障害者を支援する際、まず知っておきたいこと

第2章　障害者に関する法制度

第3章　障害者総合支援法

第4章　障害福祉サービスの使い方

第5章　障害福祉サービスの実践事例

第6章　障害者の生活を支える制度

Ⅰ型

○事業内容
専門職員（精神保健福祉士等）を配置し、医療・福祉および地域の社会基盤との連携強化のための調整、地域住民ボランティア育成、障害に対する理解促進を図るための普及啓発

※委託相談支援事業をあわせて実施することを必須条件とする（本補助の報酬対象外）

Ⅱ型

○事業内容
地域において就労が困難な在宅障害者を通所させ、機能訓練、社会適応訓練、入浴等のサービスを行うことにより、自立と生きがいを高める

Ⅲ型

○対象施設
小規模作業所としての運営実績5年以上

機能強化事業部分

国庫補助のない小規模作業所に対する自治体補助事業

基礎的事業

創作的活動　　　生産活動の機会提供　　　社会との交流促進　　　等

地域活動支援センターⅠ型の業務内容

ボランティア育成

障害に対する理解促進
例：講演会の実施、地域での催しへの参加等

基礎的事業

地域社会との連携調整
例：医療機関等各種機関との連携、障害に関する各種会議への参画等

相談支援事業

25 成年後見制度利用支援事業

成年後見制度をより使いやすく

わが国では高齢化が現在も進んでいますが、それに伴い、これまで行ってきた各種契約行為や、財産の管理を誰が行うのか、という課題が出てきました。本人ができれば問題はありませんが、障害により認知機能が落ちてしまった状態では困難であり、本人に代わって財産管理や計画行為を行う人が必要になってきます。そのためにあるのが**成年後見制度**ですが、一般的に成年後見制度の認知度はそれほど高くないこと、そして制度を知っていてもまだ大丈夫と先延ばしにしがちであること、また制度を利用する場合は、鑑定や成年後見人に支払う費用等金銭的な負担もあり、利用したくてもできない人もいるなど、使いやすい制度とはいえません。

そこで地域生活支援事業において成年後見制度の利用促進のために、成年後見制度普及啓発事業のほか、**成年後見制度利用支援事業**が行われています。これは成年後見制度の利用に要する費用のうち、成年後見制度の申し立てに要する経費（登記手数料等）および後見人等の報酬等の全部または一部を補助するものになっています。

成年後見制度を支える人材の支援・養成

また、成年後見人等の人材養成も重要です。現在、成年後見人等は親族や専門職が担っていますが、そのほかにも一般市民による市民後見人や法人を成年後見人にする法人後見を確保するために成年後見制度法人後見支援事業が進められています。法人後見では、法人として引き受けるため長期的な対応が可能であったり、組織内チェック体制があり適切に業務が行われるなどのメリットがあります。また同じ地域に住む市民による後見人は、地域の支え合い活動を担う人材として期待されています。

成年後見制度の利用支援　図

第1章 障害者を支援する際、まず知っておきたいこと
第2章 障害者に関する法制度
第3章 障害者総合支援法
第4章 障害福祉サービスの使い方
第5章 障害福祉サービスの実践事例
第6章 障害者の生活を支える制度

成年後見制度利用支援事業

障害者福祉サービスを利用し、または利用しようとする知的障害者および精神障害者

市町村
申立費用および後見人等の報酬を助成
※地域生活支援事業の位置づけ

国　都道府県
財政支援
国1/2
都道府県・市町村1/4

対象者
・成年後見制度を利用することが有用であると認められる障害者で成年後見制度の利用に要する経費について補助を受けなければ成年後見制度の利用が困難であると認められるもの

助成

後見等支援

後見人 保佐人 補助人

発見　　　発見　　　助成　　　審判・選任

相談支援事業者等　連絡　**市町村**　申立て　**家庭裁判所**

親族・検察官等

成年後見制度を支える人材等

法人後見 → **被後見人**　　**市民後見人**

社会福祉法人、社団法人、NPO等

親族後見人　　**専門職後見人**

司法書士、弁護士、社会福祉士　等

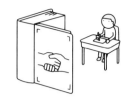

26
障害児支援

障害児の通所・入所支援は児童福祉法で実施

　障害児に関しては、居宅介護等の在宅サービスを除いて児童福祉法に基づいてサービスが行われます。以前は、障害児も障害種別ごとに施設が分かれていましたが、通所系と入所系のいずれも一元化され、どの障害種別であっても利用できるようになりました。

　通所サービスとしては、**児童発達支援**と医療が必要な障害児のための**医療型児童発達支援**が設定されています。児童発達支援は、児童発達支援事業と児童発達支援センターの2機能があり、児童発達支援事業は療育を受けることができる身近な場所としての役割をもっています。近年の法改正で、重度障害児で通所での療育を受けることができない人を対象に、訪問して療育を行う**居宅訪問型児童発達支援**も開始されました。それらに加えて児童発達支援センターは地域の障害児やその家族への相談、障害児を預かる施設への援助、助言を合わせて行うなど、地域の中核的な療育支援施設としての役割を担っています。また、保育所や小学校、児童養護施設等に訪問して障害児が集団生活に適応できるよう支援する**保育所等訪問支援**を行っています。

入所施設では退所後の生活を見越した支援を行う

　入所施設としては、**福祉型障害児入所施設**と**医療型障害児入所施設**があり、このうち、医療型障害児入所施設は、障害福祉サービスである療養介護と一体的な運用をしている場合があります。障害児入所施設では、障害児の保護、日常生活の指導および知識技能の付与を目的に支援が行われています。あくまでも児童施設であるため、原則として18歳で障害者総合支援法によるサービスへ移行することになることから、地域生活を送っていく上で必要となることが身につくようにプログラムが組まれています。

第1章　障害者を支援する際、まず知っておきたいこと

第2章　障害者に関する法制度

第3章　障害者総合支援法

第4章　障害福祉サービスの使い方

第5章　障害福祉サービスの実践事例

第6章　障害者の生活を支える制度

地域における児童発達支援センターを中核とした支援体制のイメージ

都道府県

高度な専門的支援・バックアップ

発達障害者支援センター

連携・協力

児童相談所

障害保健福祉圏域

関係機関等と連携・協力による支援機能の充実

医療機関
※医療的ケアを含む

連携・協力

障害児入所施設

（※医療型を含む）

児童発達支援センター

保健所

連携・協力

障害児等療育支援事業

専門的支援のノウハウ提供
（支援方法の共有・支援ネットワーク）

障害保健福祉圏域
〜市町村に
1〜2か所

市町村域

障害児通所支援の提供

地域支援の提供
（児童発達支援事業 や
保育所等に対する専門的支援）

[地域との関係]

集団生活への適応支援
《個別給付》

保育所等

保育所等訪問支援

相談支援

児童発達支援事業

児童発達支援事業

児童発達支援事業

相談支援事業所

障害児支援利用計画の作成

個々の状況に合った
サービス利用を
可能とする

障害児

学校、
特別支援学校

放課後等
デイサービス

保育所等

入所施設から地域生活への移行

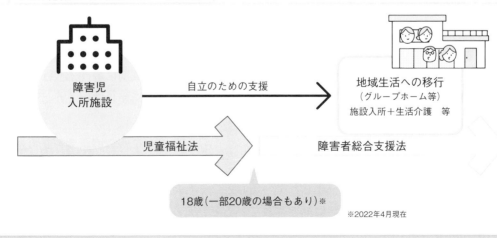

障害児
入所施設

自立のための支援 →

地域生活への移行
（グループホーム等）
施設入所＋生活介護　等

児童福祉法 ⇒

障害者総合支援法

18歳（一部20歳の場合もあり）※

※2022年4月現在

27 協議会

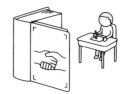

地域課題を検討、解決する場

障害者の地域での生活を支えるには、一事業所だけではなく、自治体と複数の事業所が協力して支援に取り組んでいくことが求められます。また、**一人の支援課題が、その地域全体が抱える問題となっている**ことも少なくないことから、地域内で連携協力体制を整えていくことが重要であり、連携体制を構築していく場として（自立支援）**協議会**があります。協議会では個別の相談支援の事例を通じて明らかになった地域の課題を共有し、その課題を踏まえて、地域のサービス基盤の整備を着実に進めていく役割を担っています。そこでは単純な事例の共有にとどまらず、相談支援事業等の評価・検証、それに伴う相談支援事業所のサービス等利用計画の質の向上、その地域に必要と思われる社会資源の開発など、地域の障害者福祉をよりよいものへと変えていくための場といえます。また、地域における障害者虐待防止等のためのネットワークの強化についての取組みも求められています。

障害者が暮らしやすい地域にするために

協議会の活動例として、全体会のほかに課題別、障害別、地域別に専門部会が設置され、年間を通じて開催されることになりますが、協議会をどう活かしていくかは自主性に任されており、いかに運営していくかが課題でもあります。

一方、先進的な地域資源の開発・利用促進等に向けた取組みを行う協議会を支援するため、地域生活支援事業の市町村任意事業において、「協議会における地域資源の開発・利用促進等の支援」がメニュー化されているなど、それだけ、障害者が暮らしやすい地域にするための取組みが協議会に期待されているといえるでしょう。

協議会の関係機関と組織例 図

協議会を構成する関係機関

行政機関

当事者

サービス
事業者

保健・医療

企業・就労
支援

子育て
支援

（自立支援）協議会

民生委員

学校

障害者
相談員

高齢者
介護

宅建業者

相談支援
事業者

協議会の組織例

協議会の名称は自治体によって
異なる場合がある

支援事例		（自立支援）協議会			
A		専門部会	←→ 事務局		
B	課題	例：就労支援推進部会 相談支援部会 こども部会 地域部会　等	↕ ←→ 定例会 ←→	全体会　提案	市町村 等
C					

第1章　障害者を支援する際、まず知っておきたいこと
第2章　障害者に関する法制度
第3章　障害者総合支援法
第4章　障害福祉サービスの使い方
第5章　障害福祉サービスの実践事例
第6章　障害者の生活を支える制度

第 3 章参考文献

- 厚生労働省「強度行動障害リーフレット」
- 独立行政法人国立重度知的障害者総合施設のぞみの園「地域で
  ショートステイを推進するために」
- 三菱UFJリサーチコンサルティング「平成30年度障害者総合福祉推
  進事業『障害者支援施設のあり方に関する実態調査』報告書」
- 内閣府『障害者白書 令和３年版』
- 厚生労働省『令和２年社会福祉施設等調査の概況』

障害福祉サービスの
使い方

01

サービスの利用申請

まずは「申請」し、「認定調査」へ

「障害者総合支援法のサービスを利用したい」と思った場合、まずは**市町村へ申請**を行う必要があります。そもそもどんなサービスがあるのかなど不安な点があるかもしれませんが、そのような場合でも相談することが可能です。なお担当窓口の名称は「障がい福祉課」や「福祉支援課」など市町村によって異なりますので注意しましょう。

申請をする場合は所定の書類を記入したのち、支給が必要か、また必要とされる標準的な支援の度合いはどの程度かを判断するために**障害支援区分の認定調査を行います**。ここでは申請者の心身の状況や環境面などについて、80の調査項目に基づいて**聞き取り調査**を行います。調査は障害支援区分認定調査員研修を受けた市町村職員、もしくは市町村から委託を受けた一般相談支援事業所の相談支援専門員などが担当します。この認定調査は障害支援区分を決める大事な資料となるため、申請者の支援に必要となる情報をわかりやすく記入することが求められています。

判定は「コンピュータ」と「市町村審査会」による二段階方式

この認定調査に加えて、現在の症状やサービスを受けるにあたっての医学的観点からの留意点等を記載した**医師意見書の提出も求められます**。この二つの資料を併せて障害支援区分の判定を行うことになりますが、まずは認定調査の結果と医師意見書の一部項目を使い、コンピュータによる一次判定を行います。その結果と一次判定で使用されなかった医師意見書の内容、認定調査での**特記事項**など機械的には判断できないものを踏まえて**市町村審査会**による二次判定を経て、申請者の障害支援区分が決定することになります。

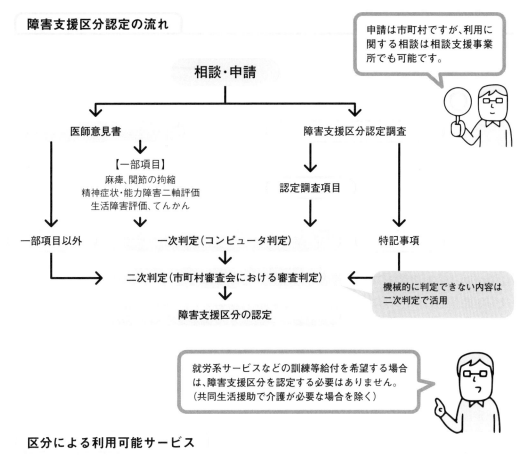

申請から認定まで 図

障害支援区分認定の流れ

申請は市町村ですが、利用に関する相談は相談支援事業所でも可能です。

相談・申請

医師意見書 → 【一部項目】麻痺、関節の拘縮 精神症状・能力障害二軸評価 生活障害評価、てんかん

障害支援区分認定調査 → 認定調査項目

一部項目以外　一次判定（コンピュータ判定）　特記事項

二次判定（市町村審査会における審査判定）

機械的に判定できない内容は二次判定で活用

障害支援区分の認定

就労系サービスなどの訓練等給付を希望する場合は、障害支援区分を認定する必要はありません。（共同生活援助で介護が必要な場合を除く）

区分による利用可能サービス

区分によって利用できるサービスとできないサービスがあります。

サービス名	非該当	区分1	区分2	区分3	区分4	区分5	区分6
居宅介護		○	○	○	○	○	○
重度訪問介護					○	○	○
行動援護				○	○	○	○
重度障害者等包括支援							○
生活介護（49歳以下の場合）				○	○	○	○
療養介護						△	○
施設入所支援（49歳以下の場合）					○	○	○
短期入所		○	○	○	○	○	○
共同生活援助（介護が必要の場合）		○	○	○	○	○	○

第1章 障害者を支援する際、まず知っておきたいこと
第2章 障害者に関する法制度
第3章 障害者総合支援法
第4章 障害福祉サービスの使い方
第5章 障害福祉サービスの実践事例
第6章 障害者の生活を支える制度

02 障害福祉サービス利用の流れ① 認定調査

認定調査の内容

　障害福祉サービスの利用申請後、本人の**心身の状況を総合的に判定するために認定調査が行われます**。認定調査は原則として１名の調査対象者につき、１名の認定調査員が１回で実施し、自宅など日頃の状況を把握できる場所で行われます。

　調査は調査対象者本人と介護者等の双方から聞き取りを行い、必要に応じて個別に聞き取る時間が設けられます。単身の人や施設入所者などについても、可能な限り家族や施設職員など本人の日頃の状況を把握している人に立ち会ってもらい、できるだけ正確な調査が行われるように留意されています。

認定調査を構成する三つの要素

　認定調査は下記の三つの要素で構成されています。約１時間程度で実施され、合わせてサービスの利用意向についての確認も行われます。

①**概況調査**：本人と家族などの基本情報と介護者の状況、各種の障害等級、現在受けているサービスがある場合はその内容、日中活動や居住環境に関することの確認が行われます。

②**障害支援区分認定調査**：本人の心身の状況を把握するため、移動や動作、身の回りの世話や日常生活、意思疎通、行動障害、特別な医療に関する項目などの合計80項目について調査が行われます。

③**特記事項**：認定調査員が判断に迷うような場合や障害支援区分認定調査の項目では把握しきれない本人の状況がある場合に、その具体的な状況や認定調査員による判断の根拠が記載されます。

第1章　障害者を支援する際、まず知っておきたいこと

第2章　障害者に関する法制度

第3章　障害者総合支援法

第4章　障害福祉サービスの使い方

第5章　障害福祉サービスの実践事例

第6章　障害者の生活を支える制度

概況調査票の項目

調査実施者	実施日、場所、調査実施者の氏名・所属機関など
調査対象者	本人の氏名・年齢・住所・連絡先など
障害等級等	認定を受けている各種の障害等級、障害の種類、難病等疾病名、障害基礎年金等級、生活保護受給の有無など
現在受けているサービス状況	現在受けているサービス（居宅サービスなど）
地域生活関連	外出の頻度、社会活動の参加、入所・入院歴とその期間など
就労関連	就労状況、就労経験・就労希望の有無
日中活動関連	自宅、施設、病院など主に活動している場所
介護者関連	介護者の有無とその健康状況など
居住関連	生活の場所、居住環境

別票で「サービスの利用状況票」があります。

障害支援区分認定調査の項目（80項目）

1.移動や動作等に関連する項目（12項目）

1-1　寝返り	1-2　起き上がり	1-3　座位保持	1-4　移乗
1-5　立ち上がり	1-6　両足での立位保持	1-7　片足での立位保持	1-8　歩行
1-9　移動	1-10　衣服の着脱	1-11　じょくそう	1-12　えん下

2.身の回りの世話や日常生活等に関連する項目（16項目）

2-1　食事	2-2　口腔清潔	2-3　入浴	2-4　排尿
2-5　排便	2-6　健康・栄養管理	2-7　薬の管理	2-8　金銭の管理
2-9　電話等の利用	2-10　日常の意思決定	2-11　危機の認識	2-12　調理
2-13　掃除	2-14　洗濯	2-15　買い物	2-16　交通手段の利用

3.意思疎通等に関連する項目（6項目）

3-1　視力	3-2　聴力	3-3　コミュニケーション	3-4　説明の理解
3-5　読み書き	3-6　感覚過敏・感覚鈍麻	―	―

4.行動障害に関連する項目（34項目）

4-1　被害的・拒否的	4-2　作話	4-3　感情が不安定	4-4　昼夜逆転	4-5　暴言暴行
4-6　同じ話をする	4-7　大声・奇声を出す	4-8　支援の拒否	4-9　徘徊	4-10　落ち着きがない
4-11　外出して戻れない	4-12　1人で出たがる	4-13　収集癖	4-14　物や衣類を壊す	4-15　不潔行為
4-16　異食行動	4-17　ひどい物忘れ	4-18　こだわり	4-19　多動・行動停止	4-20　不安定な行動
4-21　自らを傷つける行為	4-22　他人を傷つける行為	4-23　不適切な行為	4-24　突発的な行動	4-25　過食・反すう等
4-26　そう鬱状態	4-27　反復的行動	4-28　対人面の不安緊張	4-29　意欲が乏しい	4-30　話がまとまらない
4-31　集中力が続かない	4-32　自己の過大評価	4-33　集団への不適応	4-34　多飲水・過飲水	―

5.特別な医療に関連する項目（12項目）

5-1　点滴の管理	5-2　中心静脈栄養	5-3　透析	5-4　ストーマの処置
5-5　酸素療法	5-6　レスピレーター	5-7　気管切開の処置	5-8　疼痛の看護
5-9　経管栄養	5-10　モニター測定	5-11　じょくそうの処置	5-12　カテーテル

認定調査は身体障害・知的障害・精神障害・難病等の特性を反映できるよう配慮され、共通の調査項目で実施されます。

03

障害福祉サービス利用の流れ② 支給決定

認定区分に基づいて、利用計画が立てられる

申請の結果、「非該当」もしくは「区分1〜6」の認定区分が出されます。ただし「非該当」の場合でも、就労継続支援などの訓練等給付は利用することが可能です。

実際にサービスを利用する場合は、まず**指定特定相談支援事業所の相談支援専門員が****サービス等利用計画案を作成**します。これは、本人の意向と利用するサービスの内容や量、援助の方針などが記載されるもので、これに基づいて市町村は**支給決定**を行います。その後、実際に障害福祉サービスを担当する事業所などを交えた**サービス担当者会議**を実施し、実際に利用する**サービス等利用計画**を作成、利用開始となります。指定特定相談支援事業所が行うこれら一連の支援が**「サービス利用支援」**です。なお、指定特定相談支援事業所を利用せず、自身でサービス等利用計画をつくるセルフプランも可能です。

より効果的な支援が行われるために必要なモニタリング

こうして障害福祉サービスの利用が始まるわけですが、当初作成したプランが実際にはうまく機能していないことや、目標の変化や症状の状況によって、当初のプランが合わなくなることもあるでしょう。そのため一定期間ののちサービスなどの利用状況と計画が適切かどうかを確認し、必要に応じて計画を見直すために**モニタリング**が行われます。これを**「継続サービス利用支援」**といいます。モニタリングは市町村が定める期間ごとに行われることになっており、少なくとも1年に1度、新規に計画を立てた場合などは毎月行う場合もあります。ただし、前述したセルフプランの場合、モニタリングは行われないことに注意が必要です。

サービス利用までの流れとモニタリング　図

サービス利用までの流れ

計画は相談支援専門員が立てます。

市町村が支給決定し、サービスの支給量等が決まると本人に「受給者証」が交付されます。

障害支援区分の認定
↓
勘案事項調査・サービス利用者の意向聴取
↓
サービス等利用計画案の作成
↓
暫定支給決定
↓
支給決定
↓
サービス担当者会議
↓
サービス等利用計画の作成
↓
サービス等利用計画に基づくサービス利用
↓
モニタリング

モニタリングの標準期間イメージ

5月1日に利用開始する場合の例

モニタリングの結果、支給決定の更新等が必要な場合は、サービス等利用計画案の作成等を併せて実施

	4月	5月	6月	7月	毎月実施 8月	9月	10月	11月	12月	1月	2月	3月	4月
支給決定の有効期間が1年の場合 支給決定（新規等）		1目	2目	3目	4目	5目	6目	7目	8目	9目	10目	11目	12目
		1目	2目	3目	3ヶ月に1回実施		6目			9目			12目
		1目	2目	3目							1年に1回実施		12目

利用開始から3か月間毎月実施

モニタリング期間は利用するサービスや本人の状況を踏まえて「毎月、3か月毎、6か月毎、1年毎」など個別に決定の上、実施

第1章 障害者を支援する際、まず知っておきたいこと
第2章 障害者に関する法制度
第3章 障害者総合支援法
第4章 障害福祉サービスの使い方
第5章 障害福祉サービスの実践事例
第6章 障害者の生活を支える制度

04 サービス等利用計画

サービス利用開始時に必要な「利用計画」とは？

サービス等利用計画（以下、「利用計画」という）は利用者本人の意向に基づき作成され、本人の希望する生活とその実現のための援助の方針、利用するサービスの種類や量など課題解決のための具体的な手段が記載されます。これに記載されるサービスとは障害福祉サービスに限らず、訪問看護などの医療サービスや金銭管理、インフォーマルな支援などが総合的に盛り込まれ、本人の生活全体が考慮されたものとなります。なお、**利用計画作成に利用者負担はありません**。

「利用計画」ができるまで

利用計画は指定特定相談支援事業所の**相談支援専門員**が本人や家族と面接し、生活状況や現在受けているサービス、本人と家族の意向や課題について聞き取りを行い作成します。この聞き取りを踏まえて相談支援専門員が本人の希望する生活の実現や課題の解決のための適切なサービスを総合的に判断して調整・検討しながら**利用計画案**を作成します。これは支給決定の根拠となる大切なものです。そして、市町村による支給決定後に、実際に障害福祉サービスを担当する事業所の担当者などが集まり**サービス担当者会議**が行われます。ここでは利用計画案をベースに本人や家族の状況や希望、総合的な援助の方針、各事業所の支援内容などについて情報共有、確認、調整が行われ**サービス等利用計画**を作成します。

こうして、利用計画に沿った内容でサービス利用が始まります。**複数のサービスが利用計画に一元化**されることで、本人や家族、支援者にとってもサービスの全体像や支援の方向性、各事業所の役割や支援内容などが把握しやすいというメリットがあります。

サービス等利用計画の様式

利用者氏名		障害支援区分			相談支援事業者名
障害福祉サービス受給者証番号		利用者負担上限額　**10**			計画作成担当者
地域相談支援受給者証番号					
計画作成日		モニタリング期間(開始年月)　**11**			利用者同意署名欄

利用者及びその家族
の生活に対する意向　**1**
(希望する生活)

総合的な援助の方針

　　長期目標　　**2**

　　短期目標

優先順位	解決すべき課題(本人のニーズ)	支援目標	達成時期	福祉サービス等 種類・内容・量(頻度・時間)	提供事業者名(担当者名・電話)	課題解決のための本人の役割	評価時期	その他留意事項
1	**3**	**4**		**5**	**6**	**7**	**8**	**9**
2								
3								

> この様式の他に、「申請者の現状(基本情報)」「申請者の現在の生活」「利用するサービスの週間計画」の様式を活用し、サービス担当者間で必要な範囲での情報共有が行われます。

サービス等利用計画の内容

①**本人および家族の生活に対する意向(希望する生活)**
②**総合的な援助の方針**
　1)長期目標　2)短期目標
③解決すべき課題(本人のニーズ)
④支援目標と達成時期
⑤**福祉サービス等の種類・内容・量**(頻度・時間)
⑥福祉サービス等の提供事業者名(担当者名・電話)
⑦課題解決のための本人の役割
⑧評価時期
⑨その他留意事項
⑩利用者負担上限額
⑪モニタリング期間(開始年月)

> 本人の「こんな生活をしたい」「こんなことをしてみたい」という意向を尊重した本人中心の利用計画です。

POINT

障害福祉サービス事業所のサービス管理責任者が作成する支援計画を**個別支援計画**という
これは**サービス等利用計画**を踏まえ、各事業所で提供する具体的な支援内容や本人の目標などが記載される

第1章　障害者を支援する際、まず知っておきたいこと

第2章　障害者に関する法制度

第3章　障害者総合支援法

第4章　障害福祉サービスの使い方

第5章　障害福祉サービスの実践事例

第6章　障害者の生活を支える制度

05
モニタリング

モニタリングとは？

　実際にサービスの利用が始まった後、うまくサービスを利用できているか、本人の
ニーズに沿った支援内容になっているかなどを確認する必要があります。また、本人の
目標やニーズが変わることや、日が経つにつれ本人や家族の状況が変わることもありま
す。そのため、**相談支援専門員が定期的に本人や家族と面接**し、サービスの利用状況や
本人の満足度などを丁寧に聞き取り、必要に応じてサービス等利用計画の見直しを行い
ます。

　このようにしてサービスが適切に提供されているか、本人のニーズが満たされている
か、本人などの状況が変わっていないかを**定期的、継続的に確認する**ことをモニタリン
グといいます。その内容は**モニタリング報告書**として市町村に提出します。

モニタリング期間は個別に決まる

　いつモニタリングを行うかは、相談支援専門員が国の示す**標準期間**と**勘案事項等**を踏
まえて提案し、市町村が支給決定に合わせてモニタリング期間を決定します。例えば、
新規のサービス利用者やサービス内容に大きな変更があった場合は、きめ細やかに対応
するため3か月目までは毎月モニタリングを行うことが標準とされています（地域移行
支援利用者を除く）。このように、モニタリング期間は「毎月、3か月ごと、6か月ごと」
など**本人の状況と支援内容を踏まえて個別に決定**され、受給者証に記載されます。

　モニタリングの標準期間は図（➡P.131）のようになり、市町村が定める期間ごとに
行われます。

第
1
章
障害者を支援する際、
まず知っておきたいこと

第
2
章
障害者に関する
法制度

第
3
章
障害者
総合支援法

第
4
章
障害福祉サービス
の使い方

第
5
章
障害福祉サービス
の実践事例

第
6
章
障害者の生活を
支える制度

モニタリング報告書　図

モニタリング報告書の様式

1

利用者氏名
障害福祉サービス受給者証番号
地域相談支援受給者証番号

計画作成日

障害程度区分
利用者負担上限額
通所受給者証番号

モニタリング実施日

相談支援事業者名
計画作成担当者

利用者同意署名欄

総合的な援助の方針　**2**

全体の状況　**3**

優先順位	支援目標	達成時期	サービス提供状況（事業者からの聞き取り）	本人の感想・満足度	支援目標の達成度（ニーズの充足度）	今後の課題・解決方法	計画変更の必要性			その他留意事項
							サービス種類の変更	サービス量の変更	週間計画の変更	
1	**4**		**5**	**6**	**7**	**8**	有・無	有・無 **9**	有・無	**10**
2							有・無	有・無	有・無	
3							有・無	有・無	有・無	
4							有・無	有・無	有・無	

サービス提供事業者から本人の様子やサービス利用状況、事業者としての意見を聞き取り記載する

サービスの種類や量に変更があるときは支給申請（種類の変更）や変更申請（量の変更）を行い、計画を変更し、必要なサービスを必要な頻度で利用できるよう調整する

モニタリング時の留意点

モニタリング時には本人の権利や尊厳が守られているか、不利益が生じていないかを確認することが大切。そして、本人や家族の意向と支援の実際に「ズレ」がないか、本人が満足できているか、新たなニーズが出てきていないかを確認し、必要に応じてサービスの種類や量を変更する。このようにして、定期的に本人や家族の状況や満足度を反映し、適切なサービスが利用できるよう調整する

モニタリング報告書の内容

①モニタリング実施日、利用者負担上限額など基本的な事項
②総合的な援助の方針
③**全体の状況**
④支援目標と達成時期
⑤サービス提供状況（事業者からの聞き取り）
⑥本人の感想・満足度
⑦支援目標の達成度（ニーズの充足度）
⑧今後の課題・解決方法
⑨**計画変更の必要性**（サービスの種類・量・週間計画）
⑩その他留意事項

POINT

モニタリング時に限らず、相談支援専門員は日頃から必要に応じてサービスを提供する事業者とやり取りを行い、チームで本人の生活を支える

モニタリングはサービス等利用計画の作成と同様に利用者負担はありません。

06

利用者負担

所得に応じて負担額が決まる＝応能負担

　障害福祉サービスを利用する場合、利用者は一定の金額を負担することになり、これを**利用者負担**といいます。

　これまで2003（平成15）年に支援費制度が導入された際には利用者の所得に応じて利用者負担が決まる仕組み（応能負担）でした。その後、2006（平成18）年の障害者自立支援法ではサービス利用料の１割を定率で負担する仕組み（応益負担）になりました。しかし、障害が重い人ほどサービスを多く利用するため自己負担が大きくなってしまい、必要なサービスが利用しづらい状況がありました。そのため、2010（平成22）年からは**応能負担**に戻され、**利用者の所得に応じて利用者負担が決まる仕組み**になりました。このことは2012（平成24）年の改正障害者自立支援法で明確に示されました。

負担軽減措置として月ごとの負担上限額がある

　障害福祉サービスの利用者負担は世帯の収入状況によって４区分に分けられ、月ごとの**負担上限額**が決められています。ここでの世帯とは、18歳以上の障害者の場合は本人とその配偶者、障害児の場合は保護者の住民基本台帳上の世帯のことです。

　例えば、収入が概ね600万円以下の世帯が対象となる「一般１」という区分の場合は、負担上限月額が9300円です。ひと月にこの上限額に達しない場合は利用料の１割負担となりますが、上限額を超えた分の利用者負担はありません。なお、利用料は各障害福祉サービスごとに単位数で定められています。居宅介護と自立訓練など複数のサービスを利用する場合、利用料は合計されるため負担上限月額以上の利用者負担はありません。**所得に応じてひと月に一定以上の利用者負担がないような仕組み**となっています。

負担上限額は世帯の収入状況と、入所か居宅・通所のサービスかにより異なります。

所得を判断する際の世帯の範囲

種別	世帯の範囲
18歳以上の障害者 （施設に入所する18、19歳を除く）	障害のある人とその配偶者
障害児 （施設に入所する18、19歳を含む）	保護者の属する住民基本台帳での世帯

障害者の利用者負担の上限

区分	世帯の収入状況	負担上限月額
生活保護	生活保護受給世帯	0円
低所得	市町村民税非課税世帯(注1)	0円
一般1	市町村民税課税世帯（所得割16万円(注2)未満） ※入所施設利用者（20歳以上）、グループホーム利用者を除く （「一般2」の区分に該当となるため）	9300円
一般2	上記以外	3万7200円

(注1)3人世帯で障害者基礎年金1級受給の場合、収入が概ね300万円以下の世帯が対象。
(注2)収入が概ね600万円以下の世帯が対象。

障害児の利用者負担の上限

※20歳未満の入所施設利用者を含む

区分	世帯の収入状況		負担上限月額
生活保護	生活保護受給世帯		0円
低所得	市町村民税非課税世帯		0円
一般1	市町村民税課税世帯 （所得割28万円(注3)未満）	通所施設、ホームヘルプ利用の場合	4600円
一般1		入所施設利用の場合	9300円
一般2	上記以外		3万7200円

(注3)収入が概ね890万円以下の世帯が対象。

住民税の課税状況や世帯構成が変わった場合は、負担上限額が変わる可能性がありますので市町村に問い合わせましょう。

第1章 障害者を支援する際、まず知っておきたいこと

第2章 障害者に関する法制度

第3章 障害者総合支援法

第4章 障害福祉サービスの使い方

第5章 障害福祉サービスの実践事例

第6章 障害者の生活を支える制度

07

利用者負担の軽減

利用者負担の軽減措置

利用者負担は、利用するサービスの量と所得に着目した仕組みとなっています。利用者負担に**月ごとの上限額**が設定されていることに加え、利用するサービスなどの形態別に**自己負担、食費・光熱水費などの実費負担に対しさまざまな軽減措置**があります。このような措置は所得の低い利用者に配慮した負担軽減策として設けられています。

医療型施設の利用者に適用される軽減措置

病院などへの長期の入院による医療的なケアに加え常時の介護を必要とする利用者に対して行う障害福祉サービスを**療養介護**といいます。療養介護では機能訓練や療養上の管理、看護、医学的管理のもと行われる介護、日常生活上の世話などの支援を行いますが、このうち胃ろう管理など医療にかかわるものを**療養介護医療**といいます。

療養介護医療は本来健康保険の対象となる医療費であり、障害福祉サービスの介護給付費とは異なります。しかし、療養介護を利用する場合、障害福祉サービスである療養介護の自己負担額に、**医療費と食事療養費を合算して上限額が設定されます**。この医療費と食事療養費が減免される仕組みを**医療型個別減免**といいます。20歳以上の利用者の場合、世帯区分が「低所得」（市町村民税非課税世帯）の人は、少なくともその他生活費として2万5000円が手元に残るように利用者負担が減免されます。

医療型障害児入所施設を利用する場合も、医療費と食費の減免があります。20歳未満の利用者が医療型施設に入所する場合や療養介護を利用する場合は、地域で子どもを養育する世帯と同じ程度の負担となるように負担限度額が設定され、それを上回る額については減免されます。

第1章 障害者を支援する際、まず知っておきたいこと
第2章 障害者に関する法制度
第3章 障害者総合支援法
第4章 障害福祉サービスの使い方
第5章 障害福祉サービスの実践事例
第6章 障害者の生活を支える制度

利用者負担の軽減措置の種類 図

	入所施設利用者(20歳以上)	グループホーム利用者	通所施設(事業)利用者	ホームヘルプ利用者	就労定着支援・自立生活援助利用者	入所施設利用者(20歳未満)	医療型施設利用者(入所)
自己負担	利用者負担の負担上限月額設定						
	高額障害福祉サービス等給付費						医療型個別減免
			事業主の負担による就労継続支援A型の減免措置				
	生活保護への移行防止						
	高齢障害者の利用負担						
食費・光熱水費等	補足給付(食費・光熱水費を減免)	補足給付(家賃負担を軽減)	食費の人件費支給による軽減措置			補足給付(食費・光熱水費を軽減)	

※グループホーム利用者の食費は実費負担だが、通所施設(事業)を利用した場合には食費の人件費支給による軽減措置を受けることができる

> すべての利用者に共通する月ごとの利用者負担上限額以外にも、自己負担・実費負担のそれぞれにさまざまな軽減措置が設けられています。

医療型個別減免

療養介護を利用する人は、従前の福祉部分負担相当額と医療費、食事療養費を合算して、上限額を設定する

20歳以上の入所者の場合
低所得の人は、少なくとも2万5000円が手元に残るように、利用負担額が減免される
※市町村民税非課税世帯が対象

高額障害福祉サービス等給付費、補足給付費

高額障害福祉サービス等給付費とは？

一つの世帯で障害福祉サービスなどの利用者が複数いる場合や、障害福祉サービスや介護保険サービスなど複数のサービス利用がある場合、その世帯における利用者負担が大きくなります。そのため、世帯の負担を軽くする観点から、同一世帯における利用者負担額の1か月の合算が**基準額**を超える場合に、**高額障害福祉サービス等給付費として超えた分の利用料が払い戻し（償還払い）**されます。この給付を受けるには市町村への申請が必要です。

合算の範囲は18歳以上の障害者の場合、本人とその配偶者が対象となります。基準額は市町村民税課税の世帯で3万7200円です。

障害児の場合は特例があり、障害者総合支援法と児童福祉法のサービスを併せて利用している場合、利用者負担額の合算がそれぞれのいずれか高い額を超えた分について高額障害福祉サービス等給付費が支給されます。なお、世帯に障害児が複数いる場合でも負担額の合算が1人分の負担額と同様になるように軽減されます。

食費、光熱水費などの負担軽減

食費や光熱水費の負担軽減、グループホームの家賃補助など生活に必要な実費に対する軽減措置があり、これを**補足給付**といいます。**食費**や**光熱水費**の負担軽減は①20歳以上の入所者、②20歳未満の入所者、③通所施設の利用者によって異なります。グループホームの**家賃補助**は生活保護または低所得者世帯の利用者に対し、1人当たり月額1万円を上限に補足給付が行われます。

高額障害福祉サービス等給付費の合算対象になるサービス

障害福祉サービス
障害者総合支援法に基づくサービス
居宅介護、短期入所、重度訪問介護、就労継続支援など

補装具費
補装具の購入や修理にかかった費用
車いす、補聴器、装具など

介護保険サービス
介護保険法に基づくサービス
訪問介護、訪問看護、通所リハビリテーション、福祉用具貸与など

障害児支援サービス
児童福祉法に基づく入所・通所サービス
児童発達支援、放課後等デイサービス、障害児入所施設など

自立支援医療、療養介護医療、肢体不自由児通所医療および障害児入所医療に係る利用者負担は合算の対象外となります。

食費・光熱水費負担の減免

20歳以上の入所者の場合
低所得者に対しては自己負担相当額と食費・光熱水費の実費負担をしても、少なくとも手元に2万5000円が残るように補足給付が行われる

20歳未満の入所者の場合
地域で子どもを養育する世帯と同程度の負担となるよう補足給付が行われる（所得要件なし）

通所施設利用者の場合
食費について世帯区分が「低所得」や「一般1」（グループホーム利用者〈所得割16万円未満〉を含む）の場合、食材料費のみの負担となる

食材料費のみの負担となることで、実際のおよそ3分の1の負担となります。

第1章　障害者を支援する際、まず知っておきたいこと

第2章　障害者に関する法制度

第3章　障害者総合支援法

第4章　障害福祉サービスの使い方

第5章　障害福祉サービスの実践事例

第6章　障害者の生活を支える制度

第 4 章 参考文献

● 厚生労働省「障害者総合支援法における障害支援区分　医師意見書
　記載の手引き」
● 厚生労働省「相談支援体制の充実・障害児支援の強化等」

第 5 章

障害福祉サービスの
実践事例

01

相談支援事業所の実践事例

本人に寄り添う相談支援と
それを支えるネットワーク

1 施設の特徴

(1) 相談支援事業所ひだまりについて

『社会福祉法人ぶなの木福祉会』は、2004（平成16）年に認可を受けた社会福祉法人です。「子どもたちが安心して外出できる場所をつくりたい」という、精神に障害のある人の家族の想いが出発点となり、「ぶなの木会」という家族会が1996（平成8）年に設立され、その後の法制度の変革とともに発展してきました。

ひだまり外観

現在、当法人では、『夢をつなぎ、仲間とつながり、地域とつながる 誰もが輝くまちづくり』という法人理念のもと、就労継続支援Ｂ型事業所、相談支援事業所、地域活動支援センターを運営しています。

私の所属する「相談支援事業所ひだまり」は愛知県安城市朝日町にあります。そこで、障害のある人やその家族などの相談に応じる仕事をしており、生活や仕事などに関する困りごとの相談に乗り、「本人が希望する生活のかたち」に近づけるためのプランを一緒に考え、それを実現するために必要な支援を組み立て、安心して地域生活が送れるようお手伝いをさせていただいています。

(2) 当事業所の強み

当事業所では、精神に障害のある人の相談に応じることが多いため、相談支援専門員

4人のうち3人が精神保健福祉士です。安城市内の精神に障害のある人の相談の大半をひだまりにて応じています。また、精神科病院からの地域移行支援にも力を入れることができています。

2　相談支援を必要とする方々への支援

(1)事業を通じて地域生活を支える

　「相談支援事業所ひだまり」は、安城市から指定を受けている「指定特定相談支援事業」、市から委託を受けている「地域生活支援拠点等コーディネーター」、愛知県から指定を受けている「指定一般相談支援事業（地域移行・地域定着支援）」の三つの事業を担っています。緊急時にも対応できるように365日24時間体制で電話を受けられるようにしています。

　「地域生活支援拠点等コーディネーター」は、「地域生活支援拠点等」体制におけるコーディネーター役のことです。「地域生活支援拠点等」とは、障害のある人が住み慣れた地域で安心して暮らしていけるよう、障害のある人の重度化・高齢化や「親亡き後」を見据え、さまざまな支援を切れ目なく提供できるよう、地域全体で支えるサービス提供体制を指しています。そのなかでコーディネーターは、障害のある人のニーズとサービス等をつなぐ役割を担います。具体的には、

①地域で一人暮らしをしている障害者等の相談対応や見守り
②障害者等の状況・ニーズに応じた必要な支援・サービスへの連携
③緊急時の関係機関への連絡・調整
④基幹相談支援センターとの連携・協働
⑤地域包括支援センターとの連携・協働
⑥賃貸住宅等への入居が困難な障害者等に対する支援等です。

(2)相談支援専門員として働くということ

　相談支援専門員の主な役割は、サービス提供の対象となる障害のある人やその家族が必要とする支援を適切に受けるためのサポートをすることで、その業務は多岐に渡ります。

　初回の面談は、相談内容が全く見当もつかないなかで行われることも多々あり、私が相談支援を始めてから5年が経ちますが、今でも一番緊張して臨む場面です。最も多い

内容は、障害福祉サービスの利用に関するものですが、「相談支援事業所」という名称のためか、障害福祉サービスの枠を超えるのではないかと思われるような相談を受けることもしばしばあります。

日々、相談を持ち込まれる面談室

　例えば、「相続についてどうしたらいいのかわからない」「両親の離婚について相談したい」のような家庭の問題から、果ては「ヒモになりたいんですけど……」といったものまで、多種多様です。

　私たち相談支援専門員の役割としてまず大切なことは、「相手の話をよく聴くこと」です。その上で、相談支援事業所として支援できることなのか、できないことなのかを判別し、自事業所での対応が難しいようであれば、ほかの機関のどの支援者にどのように相談をしたらよいのかを、できるだけわかりやすく、具体的にアドバイスするようにしています。

　また、障害のある人への適切な支援の提案は、ほかの領域や他事業所の支援者と連携することで初めて可能となることから、常日頃からほかの機関の人たちとの顔の見える関係づくりやコミュニケーションをとることを大切にしています。

相談支援専門員のある一日の流れ（例）

8:00	出勤・メールチェック・事務仕事等
9:00	朝礼・申し送り
10:00	精神科病院にて面談。退院後、自宅に戻るかグループホームを利用するかについての話し合いを行う
12:00	昼休憩
13:00	モニタリング。就労系事業所に移動し、利用者から事業所の利用状況、生活の様子等について話を聴かせてもらう
16:00	書類を提出のため市役所に寄ってから帰社。電話対応・事務仕事等
17:00	退勤

一方で、相談支援専門員は単独で利用者を担当することから、大事な見極めをしなければならない状況や、利用者から非難されるような場面に一人で直面するときなど、孤独を感じることがあります。そういうときには、「その場で解決しようとしなくていい、持ち帰って職場の仲間に相談しよう」ということをいつも心がけています。一人で抱え込まずに支援をしていくことが、よりよい支援につながると考えるからです。

3　職域を超えたかかわり

(1)支援者間の関係づくりが大切

　相談支援専門員は、チームアプローチの舵取り役です。それぞれの支援者の専門性を最大限に活用し、最善の支援を実施できるよう、抱え込みや過剰な支援などがないかをお互いにチェックする体制を整えていきます。そのため、普段から支援者間で互いにコミュニケーションを取り、指摘し合える関係性をつくることが大切です。市町村の障害福祉や生活保護を担当する部局、利用者が利用している障害福祉サービス事業所との定期的な連絡・調整はもちろん、それ以外でもさまざまな形でかかわる機会をつくっています。

　私たちの事業所での例を挙げると、市内のほかの相談支援専門員とは、毎月開催される自立支援協議会の部会で顔を合わせる機会があります。基幹相談支援センターとは、月に1回、情報交換や困難事例を検討する機会を設けています。

(2)相談支援の充実を目的に広域でつながる

　相談支援専門員のつながりは市内にとどまりません。西三河南部西圏域の6市の相談支援事業を実施する機関で構成される「碧海地域相談支援ネットワークの会」では、2か月に1回勉強会を開催し、情報交換や事例検討等を行いながらつながりを深めています。この会のきっかけは、計画相談支援事業が開始される前年（2011（平成23）年度）の相談支援事業所の有志による話し合いでした。これから始まるこの新しい事業をどのように進めていけばよいのか、皆同じような課題や疑問を抱えていることがわかりました。そこで、翌2012（平成24）年5月、碧海地域の相談支援の充実を図ることを目的として、正式に会が発足しました。広域的なネットワークを活かした研究・研修や、困難事例や地域課題等の検討・調整を通じて、相談支援専門員の資質向上と課題の解決を

目指しています。

　発足して10年ほどになりますが、ここまで継続できているのは、特定の人や事業所に会の運営の負担を集中させない工夫にあるかもしれません。担当を持ち回りにしたり、参加は自由ですがそのときの状況次第で欠席もしやすくしたりと、お互い様の感覚を大切に運営しています。新人の相談員が気軽に参加して発言できる雰囲気づくりも大切だと思っています。

（3）職域を超えて

　また、「西三河医療福祉問題研究会」では、月に１回勉強会を開催し、西三河圏域の精神科病院のソーシャルワーカー、行政、地域の事業所の職員が、顔合わせや情報交換、事例検討等を行っています。職域ごとに業務内容は異なりますが、支援の考え方は同じだと感じさせられるとともに、職域を超えたよい刺激を受けることができます。地域での相談支援を担っていると、病院や行政は電話をするだけでも敷居が高いように感じることがありますが、こうした勉強会があることで支援者間の顔の見える関係ができ、よりスムーズな支援に結びつけることができていると思っています。

4　障害分野から高齢分野へ

（1）利用者・家族の戸惑いに対応する

　障害のある人の高齢化が進み、障害福祉制度と介護保険制度との連携も視野に入れなければならない時代になっています。とはいえ、制度が異なるために、実際に運用する際には戸惑うことも少なくありません。

　例えば、障害福祉サービスを利用されていた人が65歳になったときに、障害福祉サービスに相当するサービスが介護保険法にある場合には、介護保険サービスの利用が優先されます（➡ P.168）。障害福祉制度と介護保険制度の利用者負担上限が異なるために、介護保険サービスを利用する場合は、利用料の負担（１割）が新たに生じます。それまで利用していた障害福祉サービス事業所から別の介護保険事業所に変わらなければならなかったり、相談支援の担当が介護支援専門員に変わったりと、多くのことが変化します。障害のある人やその家族からしてみれば、それまではかからなかった利用料が発生することや、長年つき合いのあった事業所や顔なじみの相談員が変わることに対して、

抵抗を感じる人も少なくありません。そのため相談支援専門員は、障害のある人やその家族からの親亡き後や将来についての相談に応じるなかで、できるだけ早い段階から、こうした変化についても丁寧に説明します。

（2）互いの分野について知ること

　障害分野と高齢分野の支援者が円滑に連携をしていく上で、互いの分野を知ることが大事だと常々感じています。そのため、地域包括支援センターや介護支援専門員とは、年に1回の交流会を開催し、顔の見える関係性づくりを心がけています。

　当事業所で地域生活支援拠点等コーディネーターを担うようになってから、地域包括支援センターと連携する機会が増えています。一緒に困難な事例に対応するなかで、顔の見える関係ができ、互いの得意分野を知ることで、よりスムーズに連携ができるようになることを体感しています。

連携のネットワーク

02

知的（発達）障害施設の実践事例

障害のある人の特性を理解し、オーダーメイドの支援に取り組む

1 施設の特徴

（1）施設種別

たくと大府は、障害者総合支援法における生活介護事業を実施しています。生活介護事業は、排泄や食事の介護、創作活動、生産活動、身体機能向上のための支援を行う施設となります。たくと大府の場合、主たる対象は知的障害者としており、特に重度の知的障害（療育手帳A判定）であり、かつ重度の自閉スペクトラム症の人を積極的に受け入れています。

たくと大府外観

（2）行動障害のある自閉スペクトラム症

たくと大府が得意としている自閉スペクトラム症のなかには、行動障害の激しいタイプ、いわゆる強度行動障害といわれる状態にある人もいます。例えば、他者や、自分を傷つけてしまう、物を破壊してしまう、人や物への執着、睡眠の困難さなどが挙げられます。このような状態を示す人には、より専門的な支援が必要となります。

2 行動障害のある自閉スペクトラム症の人を支援するには

（1）自閉スペクトラム症の特性を理解する

自閉スペクトラム症の人は、一見すると身体に障害はなく、言葉もある場合も多いの

で、特別な配慮は必要ないと思われる場合があります。しかし、特性が目に見えないだけで実は多くの困難を抱えており、近年はその特性を分類して把握し、特性に応じた支援をオーダーメイドで構築していく支援方法が主流となっています。

自閉スペクトラム症の特性は大きく四つに分類されます。

・社会性の障害

・コミュニケーションの障害

・想像力の障害

・感覚の障害

これらがさらに細分化され、さまざまな状態像となって現れます。この特性を把握し、個々に応じた支援を構築していくことが、効果的な支援の近道となります。重要なことは、自閉スペクトラム症の特性は弱みとなる困った行動につながる特性だけではなく、社会生活に活かしていける強みになる特性も多いということを知ることです。弱みには支援を、強みは活用するという視点が必要になってきます。

（2）徹底した環境整備

支援の方略としてよく知られるものが「構造化」という支援方法です。視覚的な情報に強いという特性を活かしたさまざまな方法が開発されています。主な構造化の方法として、

①スケジュール

・自分の予定を視覚的にわかる形で提示する

②物理的構造化

・活動場所を個別化したり、刺激を制限するためにパーテーションなどを活用する

③ワークシステム

・活動の順番や、量、終わりの理解、終わったら何をするのかなどを提示する

④視覚的構造化

・視覚的にわかりやすい指示や、明瞭化、整理統

スケジュール

視覚的構造化

合することでわかりやすく提示する

といった方法が多くの施設で活用されています。

（3）チームアプローチによる問題解決

　行動障害のある人は、生活全般に常時見守りや配慮が必要な場合があります。難易度の高い支援が求められるため、支援の上手な支援員が集中的に配備されがちです。しかし、そのような配慮が必要な支援を24時間365日1人の支援者が行うのは物理的にも不可能ですし、長時間緊張にさらされることは心理的、身体的に過度な負担となります。

　行動障害のある自閉スペクトラム症の人の支援にこそ、チームアプローチでの支援が求められます。新人職員や非常勤職員でも、ある程度の対応ができるようトレーニングしておく必要があります。そのために、本人を理解したり、問題が起きたときにどう対処するか、共通認識で共通の対応ができるようにするため、氷山モデルというワークシートが使われます。氷山モデル以外にも、こういった共通のフォーマットを用いることで、チームアプローチによる問題解決が図れています。

氷山モデル

●課題となっている行動

　　　　　　　　　　　　　　　●機能分析【　　　　　】　●好子・嫌子【　　　　　】

|【本人の特性】
（好き・嫌い・得意・強み）|【環境・状況】
（人・物・場所・時間・感覚環境）|

行動支援計画

　【強化】【先行子操作】【環境設定】【構造化】【分化強化】【消去】【弱化】【交換条件】【プロンプト】
　・
　・

※「課題となっている行動」の背景には、「本人の特性」や「環境・状況」の原因が隠れており、その原因を明らかにすることで、「行動支援計画」という支援計画を立てることができる。

3　たくと大府の活動内容

（1）自立課題活動

　自閉スペクトラム症や知的障害のある人の日中活動には、工場から手作業を受託し、工賃を得るという活動を柱にしている施設が多いです。たくと大府では、手作業と共に自立課題活動に力を入れています。

　自立課題とは、支援者の手を借りなくても自分で始めて自分の力で取り組み、自分で終わることができる教材のようなものです。視覚的な情報に強い自閉スペクトラム症の人を始めとする知的障害のある人が、目で見て何を求められているかわかり、活動の始まりと終わりがハッキリしているので取り組みやすくなっ

支援員のある1日の流れ

8:30	業務開始・支援員の朝礼・予定確認
8:40	利用者通所開始・着替え／トイレ介助
9:15	全体の朝礼
9:30	プログラム① 自立課題活動
10:30	休憩
10:45	プログラム② 地域外出活動
12:00	給食
12:30	昼休憩
13:15	プログラム③ 療育活動※日替わり
14:45	掃除
15:15	着替え・自由時間
15:45	終礼
16:00	明日の準備・ケース記録
17:00	ミーティング
17:30	業務終了

（左）自立課題①
（中）自立課題②
（右）自立課題③

ています。その人の理解力や特性、目標に応じてオーダーメイドでつくられます。

　たくと大府では、全部で300種以上の自立課題が常時あり、毎日の日課の幅を膨らませています。

（２）療育活動

　運動や芸術、学習や社会生活に活かすトレーニングなどを一般的に療育活動と呼びます。治療と教育が語源となっており、その範囲や活動内容は漠然としたものとなっています。たくと大府では、楽器を楽しむ音楽療法、芸術センスを磨く絵画活動、体幹を鍛えるバランスボール・サーキット運動、球技に親しむスポーツ運動、筋力維持を目指すストレッチ体操などを療育活動として取り入れています。いずれも、音楽を活かしたり物や道具を使うことで、利用者の興味を引き、参加したくなるような工夫がされています。

（３）地域外出活動

　地域社会に出ての活動はどの施設も重視しています。自閉スペクトラム症や知的障害のある人の多くは施設と自宅が主な生活環境の場となっています。地域社会での経験が少ないが故に、社会でのマナーが十分に習得されておらず、いざ地域に出るとトラブルになることがあります。施設の活動のなかで公園に出かける、ショッピングモールやコンビニに出かけるなど、積極的に町に出る活動を取り入れています。電車やバスなど公共交通を利用することも多くあります。もちろん、トラブルが起こる場合もありますが、外出時は職員体制を整え、未然に防げるような努力をしています。

４　制度間の違いを乗り越えるために

　障害者も65歳を迎えると、原則介護保険サービスが優先になります。多くの障害者は、特別支援学校を卒業する18歳頃から障害福祉サービスを週5日利用します。65歳まで50年近く毎日通い続けた施設を突然変われと言われても難しい話です。制度的には、市町村の判断で柔軟に対応できるようになっていますが、介護保険優先という原則は多くの本人や家族、事業者を悩ませている現状があります。

　とはいえ、公費で運営している施設としては、法に従った運営を心がけています。

65歳になって突然動くのではなく、数年前から介護保険施設と連携を取り始めるなどしっかりとした準備を進めていきます。

　例えば、デイサービス施設は早い段階で見学をします。65歳になった時点で、週5日の生活介護通所を、1日ずつデイサービス利用に切り替えることがあります。デイサービス側も、知的障害のある人を受け入れるのは不安があるので、生活介護の職員と十分な情報交換を行います。本人もデイサービス側もともに慣れていき、自然に切り替わっていくイメージをつくるようにしています。

　65歳の知的障害者の家族はかなりの高齢であったり、亡くなられていることも多いです。そういった人は、生活介護施設から特別養護老人ホームに入所というケースも多く存在します。知的障害を受け入れている特別養護老人ホームとは日頃からコンタクトをとることで、入所先候補としてのパイプを維持し続けるようにしています。

5　ともに社会に発信し合う存在として

　たくと大府の活動内容でも述べたとおり、地域外出活動など社会に出る機会が増えています。その地域の理解度合いによっては、トラブルになる場合もあります。障害特性上、大きな声をあげてしまったり、動き回る、場合によっては多くの人の前でパニックになって騒ぎになる場合があります。その場の本人への対応は、付き添いの職員ができますが、周囲への配慮まで行き届きません。そのときに、もし近接領域の関係者がその場にいれば、「今はパニックでも付き添いの職員が対応できる」「大きな声が出ているが危害を及ぼすわけではない」ことを説明してもらえれば、その本人や職員は助かることでしょう。

　障害者が地域で暮らすことは当たり前であり、地域もそれを受け入れて、ともに社会に発信し合う存在でいてくれることを願っています。

03

就労系施設での実践事例

誰もが働ける社会を
目指して

1　施設の特徴

（1）LITALICOについて

　株式会社 LITALICO は2005（平成17）年に創業しました。社名の「LITALICO」は、社会の幸せと自身の幸せをつなげる関係性を築くことで、'利他'と'利己'の両方を実現する意味が込められています。そのなかで、LITALICO ワークスは2008（平成20）年から就労移行支援事業を開始して以来、全国に展開しています。

（2）「自分らしく働く」の実現をサポートする

　LITALICO ワークスでは、障害者総合支援法に基づき、就労移行支援事業と就労定着支援事業の二つの事業を運営しています。この二つの事業を一体的に運営することで、出会いから就職、職場への定着、キャリア支援まで切れ目なく支援し、利用者の QOL を向上させることを目指します。一人ひとり違う個性や障害があるなかで、その個人の「自分らしく働く」を実現し、多様な個性が輝ける社会をつくることを目標としています。

　私の所属する LITALICO ワークス四条大宮は京都府京都市下京区立中町にある事業所で、'ふらっと'立ち寄れる、そして利用者との'フラット'な関係を意識する「フラットなセンター」をスロー

8 F事業所入口

エントランスホール

ガンにしています。また小さな変化を逃さず、できたことに目を向けた声かけを行うことで安心安全な空間をつくり、社会に一歩踏み出すための自信やスキルを培ってもらうことを大切にしています。

面談室

2　個別最適な支援を志して

（1）個別支援の展開

　LITALICO ワークス四条大宮では、利用者のニーズに応えられるよう、月曜日から土曜日まで、また祝日と第1日曜日に開所しています。一日の流れは右表のとおりです。訓練では、その日のカリキュラムに沿ったプログラムの提供を行うほか、個別訓練の進捗確認、応募書類の添削や助言等の直接支援を行っています。利用者一人ひとりの希望する就労および生活に合わせて支援計画を作成し、その計画に基づいて必要なプログラムや個別訓練を提供しています。

（2）独自のプログラムの開発

　プログラム内容については、ビジネスマナーや自己理解など、全国共通の標準テキストをベースに進めることに加え、本事業所では毎月利用者にアンケートをとり、必要なプログラムを独自に開発しています。例えば、自己理解プログラムを受

支援員のある1日の流れ（例）

8:30	業務開始・支援員朝礼・関係機関への連絡・ケース会議等
8:45	開所・検温
9:00	朝礼・利用者の方の開始日報報告確認
10:15	自己理解プログラムの講師など
11:45	午前通所の方の終了日報報告確認
12:00	昼休憩
13:00	昼礼・午後通所の方の開始日報報告確認
13:15	個別訓練の質問対応・支援記録作成など
14:45	午後通所・終日通所の方の終了日報報告確認
15:00	個別支援計画作成面談
16:00	外出・卒業生との定着面談
17:00	支援員終礼・清掃・メール対応・関係機関への連絡
17:30	業務終了

第1章　障害者を支援する際、まず知っておきたいこと

第2章　障害者に関する法制度

第3章　障害者総合支援法

第4章　障害福祉サービスの使い方

第5章　障害福祉サービスの実践事例

第6章　障害者の生活を支える制度

けても、自分の長所がわからないという利用者の声が多数上がったことを受けて、「お互いのセールスポイントを見つけあい、深めよう」というプログラムを開発しました。

図 独自プログラムワークシートの例

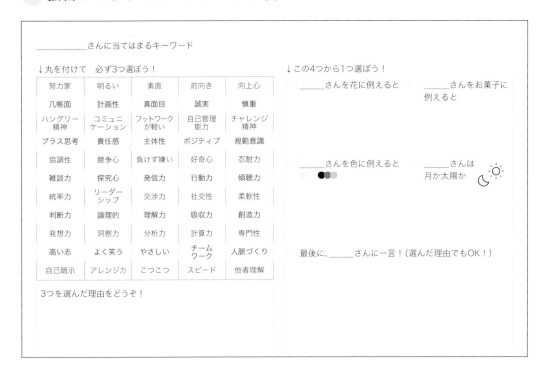

（３）個別訓練や面談対応でのかかわり

　個別訓練ではパソコンのデータ入力や、ビーズの袋詰めなどの手先を使った作業などのメニューを提供し、自身の正確性やスピード、業務の適性を知る機会を提供しています。本事業所では、外部実習前の予行演習ができる「センター内実習」という個別訓練も提供しております。センター内実習では、その人が希望する就労の職種に合わせて１週間単位で業務内容を設定し、職場を想定した報告・連絡・相談を練習します。このような実践的な取組みを通して、外部実習で必要な活動のイメージを事前に明確化し、実習先でも自信をもって活動してもらうことにつなげています。

加えて面談対応においては、書類作成や面接練習などの就職活動に直接関連するような話はもちろん、自身の希望する就労に沿った生活リズムを整えることやストレス対処を一緒に考えることもあります。

（4）定着支援について

　さらに、企業実習への同行や就職者への定着支援を通して、利用者が長く安心して働くための支援を意識しています。就労後は定期的な面談のなかで、体調や業務内容についてヒアリングを行います。そのなかでコミュニケーションの不安や、思い描いていた業務内容とのギャップなどがあれば、まずは本人と職場でできそうな工夫や職場にお願いしたい配慮事項を整理した上で、企業と連携をとり、今後本人が身につけていくスキルの確認や、本人の困りごとについて、どのような環境の整備や配慮が実現可能であり、利用者と企業双方にとって最適かについて刷り合わせを行います。

（5）職員の定例ミーティングについて

　よりよいサービスを提供するために、定期的なミーティングにおいて新たなプログラムの提案や、利用者の個別最適な介入方法のためのケース検討会を実施しています。

　また、支援の質を高めるための研修として、困難ケースの対応方法についてのロールプレイングや、障害理解を深める勉強会を実施して職員のスキル向上に努めています。

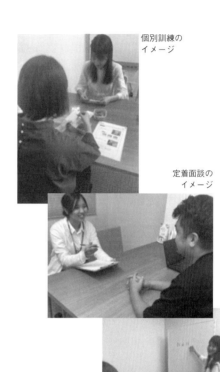

個別訓練のイメージ

定着面談のイメージ

プログラムの様子イメージ

3　就労支援で大事にしたいこと

　支援のなかで留意していることとしては、利用者本人の自己決定の尊重があります。就職までのペースや訓練内容については選択肢を提案することもありますが、最終的にどのような取組みや就職活動をするかについては、自身で決めてもらうことを大事にしています。また、どのような就職が‘よい就職’なのかについては、私自身のバイアスがあることを意識しながら、その人にとって必要な就職の形を一緒に模索することを大切に考えて支援をしています。

　また、本事業所では、支援者が一人で問題を抱え込むことや、各支援員の限界が支援の限界となることを防ぐために、チームで支援することを心がけて業務を行っています。利用者の就労について考えるにあたり、就職活動自体の支援のみならず、コミュニケーションのとり方やストレスマネジメントなどについて支援が必要な場合も多く、支援員の得意

息抜きのできるスペース

分野によって役割分担をしながら支援を実施することで、その人のよりよい就労につながると感じています。関係機関の人たちもチームであると考えてともに動いています。

　私は、利用者の人生がよりよい方向に進むための一部として「就労」があるという考え方を大切にしています。一般的に利用者は就職活動をするなかで、心身の負担を感じやすい状態にあると考えられますので、就職活動のしんどさを感じているときは、活動を無理に促さず、息抜きや、一旦立ち止まり自分を振り返ることを提案しています。本事業所では「2→5プロジェクト」というプロジェクトを発足し、利用者が通所時は体調および気分が5段階評価で‘2’であっても、帰宅する頃には‘5’に復調している状態を目指してさまざまな取組みを行っています。その一環として、訓練中に調子が悪くなった際にできる訓練や取組み、相談の仕方等をファイリングしたものや、塗り絵やしりとりなど、息抜きできる素材を置いたスペースをつくっています。

4　他機関とは問題が起こる前からの付き合いを大切に

　連携している機関としては、クリニックやデイケア、訪問看護サービスなどの医療機

関、また相談支援事業所、ヘルパー、発達支援拠点などの福祉機関、ハローワークや障害者就業・生活支援センター、職業センターなどの就労支援機関、大学などの教育機関、行政等多岐にわたります。本事業所では各利用者の関係機関には支援計画更新のタイミングで関係機関報告書の送付を通して、利用者の通所状況や、訓練の様子、困りごと等について共有しています。利用者の困りごと等に応じて関係者会議や通院同行等を行い、支援の方針について刷り合わせを行うこともあります。

　例えば、不眠が続くことが症状悪化のサインとなる利用者について、医療機関へ通院同行を行い、不眠が続いたときに就労場面でも活用できそうな周囲からの声かけや対処法、配慮事項について、医療の面から助言してもらうことがありました。何か問題が起きてからの連携ではなく、当初からその人についてどのような関係機関があるかヒアリングを行い、連携をとることを心がけております。

5　実際に見て実感してほしいこと

　利用を考えている人のなかには、関係機関である相談支援専門員から利用を勧められているものの、就労移行支援事業所がどのような場所なのか、本当にやっていけるのか、不安になっている人が少なくないと感じています。事業所によって行われている取組みや雰囲気はさまざまであるからこそ、一度見学にきて、実際の事業所を見て実感してほしいと思います。支援者のみの見学も可能ですし、利用意向確認後の、利用契約までの待機期間にもプログラム受講や個別訓練などを体験することも可能です。

　また、よく就労先の斡旋ができないのかという問い合わせがあります。就労移行支援事業所が直接、職業紹介を行うことは制度上できません。そのため、主にハローワークや障害者職業センター、転職エージェント等と連携し、本人にとって最適な職場を見つけるサポートを行うことが、本事業所の主な役割となります。例えば、ハローワークの担当者との三者面談のなかで利用者の訓練での様子や特性、ニーズについて共有し、それにマッチした求人があるか確認したり、転職エージェントから紹介された求人が、本人の就労に関する希望や特性にマッチしていそうか一緒に検討することなどが挙げられます。就労移行支援事業所の役割を知ってもらい、関係機関の皆さまと力を合わせながら、一人ひとりの就職のサポートをしていきたいと考えています。

04

訪問介護系施設での実践事例

地域で暮らすという
「当たり前の生活」を守るために

1 施設の特徴

(1) ゆうりんについて

社会福祉法人イエス団　障がい児・者ホームヘルプ事業「ゆうりん」は、京都市伏見区、向島ニュータウン内にある事業所です。「ニュータウン」といっても、1970年代に造成・入居が始まり、40年以上経った現在は、高齢化が進み、空き家などの課題を抱えつつも、小中一貫校ができ、外国籍の人の居住も増え、多様性のある地域になっています。

ゆうりんの事務所がある愛隣館　外観

「ゆうりん」の事務所がある「愛隣館」は、2021（令和3）年4月に3階建て回廊型に建て替えられました。1階には、児童発達支援センター（空の鳥幼児園）・保育園（野の百合保育園）・京都市南部障害者地域生活支援センター（「あいりん」）といった施設のほかに、地域の方も活用できる地域交流スペースがあります。2階には、障害者生活介護2施設（「愛隣デイサービスセンター」・重症心身障害者通所「シサム」※医療的ケアが必要な利用者が多い）と居宅介護事業所「ゆうりん」が併設されています。3階には、障害特性に応じた入浴ができるように4タイプの入浴設備と、宿泊可能なスペースが設置されています。

館外でも、ニュータウン内で長年空き家になっていた親子ペア住宅を活用し、グループホーム（男性2名女性2名）の運営も行っています。

（2）多様性を認め合える集団として

「愛隣館」には、タイ・中国・インド等、外国ルーツの職員、補聴器や呼吸器、電動車いすが必要など、さまざまな障害特性のある職員もいます。セクシャリティもさまざまです。ぶつかり合うこともありますが、特性や価値観が色々あるからこそ、新しい気づきがあり、多様性を認め合える集団になっていくと感じています。

建て替えも無事終わり、部署を越えて助け合いながら、新たな狙い「インクルーシブな社会の実現」を意識して、日々考え、迷い、実践しながら活動を行っています。

2　日頃の業務内容

「ゆうりん」はヘルパー事業所として、日常の食事や入浴・掃除・買い物等の支援・通院同行や放課後余暇支援、土日祝日を中心に、余暇外出支援、宿泊支援等を行っています。

知的・身体・精神に障害のある人の一人暮らしや、障害のある子と親との二人暮らし、ともに障害のある姉弟の二人暮らしへのサポートなども行っています。またホームヘルプは、基本1対1の支援です。集団ではなく、より個別のニーズに応えることができますが、支援中に何が起きても一人で対応する必要もあります。パニックや発作・見失い等、も

居宅介護事業所職員のある1日の流れ（例）

8:30	出勤・朝ミーティング・申し送り
8:45	掃除・メールチェック
9:00	重度訪問介護 利用者宅にて入浴支援
12:00	昼食（休憩）
13:00	事務仕事
13:30	ケース会議
14:45	行動援護・総合支援学校放課後見守り （図書館にお出かけ、おやつ）
17:00	記録作成・明日の利用者に連絡、支援内容確認
17:15	退勤

し起こったときにどうするかを想定しながら、支援に入る必要があります。

利用の希望は多く、すべてに応えきれていない現状があり、さらに、ヘルパーの担い手が少ないため、自分たちで育てる取組みとして、ヘルパーとして、働いてもらえる人を増やすために、近隣大学や近隣事業所と協力して、知的障害者移動支援従事者養成研修・重度訪問介護従事者養成研修も毎年行っています。

障害のある人への支援は他領域の支援とは対象者が違うだけでなく、視点や内容が違うところもあります。

（1）高齢領域のヘルパーとの違い
　高齢領域のヘルパーは、掃除する箇所、買物に行く場所や買物の内容等、支援内容にかなりの制限があります。障害者の支援には、そういった制限は高齢領域に比べると少なく、時間内にできるだけ本人の思いに寄り添った支援を行うことが可能です。

（2）健常な子どもの支援との違い
　基本的には違いはありませんが、健常児は集団のなかでの成長を促す視点が強いように思います。障害児の支援は、まず本人の困り感に応えていく必要があります。本人・家族に困り感があるなら、そこをどう埋めるか・どう変化させて支えていくことができるかを考えて支援する必要があります。

3　業務上で留意していること

（1）簡潔でわかりやすい説明
　相手が誰であっても同様ですが、知的・精神に障害のある人には特に、なるべく安心できる状況で、なるべく簡潔に、わかりやすく伝えることが大切です。長々と丁寧な説明は、かえって混乱を生むことが多いです。
　多くの言葉を並べるよりは、信頼してもらえる態度・行動をみてもらい、身体で伝えることのほうが大切です。
　声や言葉にして思いを伝えることが難しい人もいます。言葉どおりではない裏の思いが隠れている場合もあります。本人の様子をしっかり観察しながら、興味や関心事を推測して、確認したり、試したり、を繰り返しながら、徐々に利用者の思いに近づけるように心がけています。

（2）医療的なケアにも対応が必要
　重度の身体障害の人は、医療的ケアが必要な人も多いので、下記のようなことに気をつけています。

・食事

　「咀嚼・嚥下」（モグモグ・ゴックンする力）に応じての介助、「注入」（鼻や口からチューブで直接胃に栄養食を送る）、「胃ろう・腸ろう」（お腹に浮輪の空気入れのような穴を開けて口をつくり、そこから直接栄養食を注入する）、等といった介助もあります。

・排泄

　オムツ交換時にも、サイズ・種類、中敷きパットの当て方、交換のタイミング（時間）の目安、本人からのサイン、量や尿・便の様子での体調チェックが大切です。状況に応じて、服薬・浣腸や導尿等が必要な場合もあります。

・褥瘡

　同じ体勢でいることが多い人は、「褥瘡」にも注意が必要です。入浴時や衣服の交換時に身体にキズや痣がないかも確認します。小まめな体位変換が必要な場合もあります。ストレッチ・身体の伸ばし等を行い、可動域を広げて、本人の自発能力をキープ・高めることも大切です。

・呼吸や体温

　直接目や手で体温・発汗量・呼吸の様子も確認しながら、機器で SpO_2 や脈拍・体温等も確認し、状況に合わせた対応が必要になります。

・発作

　その人の普段の発作の種類、様子、頻度等を知っておき、発作が起きたときにどう対応してほしいのか事前に確認しておきます。

　普段の発作が起こったときには、焦らず、ケガをしないように注意し、必要に応じて、衣類を緩めたり、横向きに寝かせる等して気道を確保します。発作の大きさや間隔、時間等も記録しておきます。

　普段以上に時間が長い、様子が違う場合には、救急搬送を考える必要もあります。

・服薬

　その人が、普段処方されている薬を確認し、タイミング（食前、食後、発作時、気持ちが落ち着かないときなど）や、種類や量（粉末、錠剤、錠数等）、飲み方（水、溶かして、ゼリーや食べ物に混ぜて、スプーンで、椅子に座ってなど）を事前に確認して、本人の負担がなるべく少ない状態で服薬してもらいます。

4　他機関との連携から生まれた制度

　地域生活支援センター「あいりん」に寄せられた相談ケースで、向島に住む、障害のある人の親が認知症を発症し、生活が不安定となったため、自治会や民生委員と連携を図り、親子の生活を見守ったケースがありました。このケースが発端となって「地域で誰もが安心して暮らせるように」と、民生児童委員会・地域の自治会・地域包括支援センター・病院・社会福祉協議会・福祉事務所・消防署・高齢者ヘルパー事業所・障害者相談支援・障害者居宅事業所等、「地域・行政・消防・高齢者・障害者支援機関等」が集い、「向島あんしんネットワーク」が発足し、現在も定期的な情報交換の場となっています。

　また、居宅介護事業が始まったときに、専門職として1事業所だけではわからないこと、不安なことも多くあり、地域を越えた事業所間の情報共有や協力体制の構築のために、「京都市居宅介護等連絡協議会（居連協）」ができました。そのなかで、現行制度では解決できない困難事例等を話し合い、解決できる方法はないか？　と府・市に声を挙げることで、「入院時コミュニケーション支援員派遣制度」や「ほほえみネット（通学支援）」等の制度が新しくつくられることにつながりました。

5　福祉だけでなく地域とつながる暮らしへ

　災害時に、障害のある人が避難するのは困難な場合が多いです。知的・精神に障害のある人のなかには、人の多い所やいつもと違う環境がとても苦手な人もいます。身体に障害のある人は、避難所まで車いすでの移動が難しいこともあります。そういった理由で、避難訓練には顔が出せず、同じ地域に暮らしていても、近所の人はほとんどその存在を知ら

藤の木防災訓練（2019年）

なかったため、近隣の手助けや必要な支援を十分に受けることができなかったという場合もあります。

　愛隣館では、地域の防災訓練に利用者と一緒に参加しています。「顔の見える関係」をつくり、避難計画として「いつ・誰と・どうやって」を、本人・福祉関係機関・地域

の方々と一緒に考えることができれば、「誰もが避難できる指定避難所」をつくることができるのではないかと考えています。そうした積み重ねが、福祉だけがその人の暮らしを支えるのではなく、地域ともつながった暮らしの実現へと続いていくのだと思います。

6 福祉の向こう側へ

　障害のある子への支援を考えるときには、その親への支えも大切だと感じます。今まで愛隣館には、障害のある子だけでなく、その親（母）が高齢になり亡くなられるまで支援を行ったケースが二組ありました。

　当法人のデイサービスでお昼ご飯を食べて、それぞれその後の活動を楽しんで過ごした後、家まで送ります。母には障害はなく制度外なので、もちろん施設報酬はありません。母も高齢になり、認知症の症状が出てきても、高齢者施設に行くことを拒み続け、一部は介護保険での対応になったものの、母へのケアのほとんどを最後まで当法人で行いました。「その子を支えるために、その母も含めて見守る」という姿勢があったからこそ、子も親もそして私たちも最後の看取りまで笑顔の多い時間になったと感じています。

　その昔「青い芝の会」という障害者の当事者団体がありました。戦後、今の福祉制度とは程遠い時代、「障害者にも健常者と同等の権利を！」と叫び、生きる権利を獲得しました。そういった当事者の声が形になり、今の障害者福祉制度がつくられてきた過去があります。

　「今ある制度のなかで何ができるか」を考えるのではなく、「その人にとって何が必要なのか」を考え、実践し、「新たな制度が必要だ！」というときには一緒に声をあげながら、利用者とともに生きていく。障害者こそが、これからの社会を「誰も排除されない」社会へと変えていくことができる大切な存在なのです。

05
年齢を重ねても
安心できる体制づくり

1　事業所の特徴

（1）3歳から90代まで支援

　私が所属する社会福祉法人藤聖母園相談支援事業所藤は、青森県青森市にあり、特定・一般・障害児相談支援を運営しています。対象者は幅広く、3歳から90代の人までの計画作成、モニタリング等を行っています。障害者支援施設や共同生活援助（グループホーム）には、長年、同じ施設やグループホームで暮らしてきて高齢になった人もいるため、90代の人も担当しているという現状です。入所施設からの介護保険への移行の難しさは、長らく議論されており、その課題について前の項目でもふれてきました。そこで、本節では、介護保険への移行について概要から連携の実際まで改めて解説します。

（2）改めて「相談支援事業所とは」

　復習になりますが、相談支援事業所には、特定相談支援、一般相談支援、障害児相談支援の3類型があります。特定相談支援は、障害福祉サービス利用者への計画作成、モニタリングなどを行います。一般相談支援は、地域相談支援ともいわれ、地域移行支援、地域定着支援の個別給付のサービスを行います。障害児相談支援は、障害児福祉サービスを利用する人への計画作成、モニタリングなどを行います。

2　介護保険と障害福祉サービスについて

　障害のある人であっても、65歳から介護保険の利用は可能です。高齢者のなかには障害のある人も含まれています。障害福祉サービスは、応能負担で原則1割の負担ですが、実際には利用者負担額が0円という人が全体の93.2％（2020（令和2）年国保連

データ）です。そのため、同じようなサービスを介護保険で利用した場合に、自己負担が発生することが課題でした。

　そこで2018（平成30）年４月から、高齢障害者の利用者負担軽減制度が始まりました。対象者は、

①65歳直前まで、障害福祉サービスを5年以上利用していた方

②介護保険移行後にこれまで利用していた障害福祉サービスに相当するサービスを利用する方

③障害支援区分２以上の方

④市町村民税非課税の方、または生活保護を受給されている方

⑤65歳になるまで介護保険のサービスを利用していない方　です。

　また、介護保険と異なり、障害福祉サービスは暫定支給がないこと、ベッドや車いすなどの福祉用具（障害者総合支援法上では、日常生活用具、補装具）は、レンタルではなく、基本的には購入となっています。そのため、新たに福祉用具をレンタルするか、購入したものを継続して使用するか確認が必要となります。

（１）介護保険にあるサービスの場合

　障害のある人も、65歳になった場合、介護保険へ移行します。原則は介護保険にあるサービスを利用している場合です。

　障害福祉サービスを利用している場合は、セルフプランを除いて、相談支援事業所の相談支援専門員がサービス等利用計画を作成しています。相談支援専門員は、65歳を迎える利用者を担当している場合、介護保険の利用へつなげていきます。介護保険の申

サービス対比表：介護保険にあるサービスのみ

障害福祉サービス	介護保険	
特定相談（計画相談）	居宅介護支援	
居宅介護	訪問介護	
短期入所	短期入所	
生活介護	通所介護 通所リハビリテーション	※予防サービスも含む ※上記の利用者負担軽減制度になるサービスとは異なります

第1章　障害者を支援する際、まず知っておきたいこと

第2章　障害者に関する法制度

第3章　障害者総合支援法

第4章　障害福祉サービスの使い方

第5章　障害福祉サービスの実践事例

第6章　障害者の生活を支える制度

請ができるタイミングで申請をし、地域包括支援センターや居宅介護支援事業所への引継ぎを行っていきます。非該当になった場合には、障害福祉サービスの利用を継続し、状態像に変化があった際に、再度介護保険の申請を行います。

（２）介護保険にないサービスの場合

　いわゆる福祉就労（就労継続支援Ａ型・Ｂ型）、同行援護（視覚障害者のみ利用できるサービス）、重度訪問介護については、障害福祉サービスの利用が継続可能です。就労継続支援Ａ型・Ｂ型については、原則は65歳未満が利用するサービスですが、市町村、事業所によっては、65歳以上でも利用可能としている場合があります。また、グループホームについても、65歳以上でも利用している人がいます。そのため、グループホームと通所介護、就労継続支援Ｂ型と訪問介護など、介護保険と障害福祉サービスの併用が可能となります。

　また、要支援の場合は、訪問型サービスを利用できます。これは身体介護と生活援助が一体的に提供されるものです。しかし、事業所の対応として、あるいはアセスメントからの課題抽出によって、身体介護を提供しない事業所がほとんどです。通院等介助のみ（介護保険では身体介護）を障害福祉サービスで利用することも可能です。例えば、訪問介護のうち、調理や掃除などの生活援助の部分は介護保険で、通院等介助は障害福祉サービスで、という利用の方法もあります。

（３）プラン作成は誰が行う？

　介護保険のみ利用する場合と介護保険と障害福祉サービスを併用する場合は、介護支援専門員がケアプランを作成します。障害福祉サービス併用の場合は、障害福祉サービス受給者証の交付が必要です。そのため、ケアプランを市町村の障害福祉担当課に提出する必要があります。ただ、障害特性などにより、環境の変化への対応が難しい、関係性を築くのに時間がかかるなど、しばらくの間、相談支援専門員と介護支援専門員が関与することが必要となった際には、双方でプランを作成することができます。請求は減算になるため、注意が必要です。

　障害福祉サービスのみ継続して利用する場合は、相談支援専門員がプラン作成を継続していきます。65歳を超えて、在宅サービスを利用する場合には、モニタリング頻度

が３か月に１回となります。状態の変化があった際には、介護保険利用の手続きを進めていきます。

3　連携方法について

（1）円滑な引継ぎのために

　障害の特性によっては、関係性を築くまで時間がかかる人もいます。介護保険利用までの申請、認定調査に、相談支援専門員も同席し、これまでの経緯や状況を伝えることが大切です。この際に重要なことは、介護支援専門員が障害や疾患、障害福祉サービス等の情報・知識をどの程度もっているかを理解した上で引継ぎすることです。例えば、統合失調症がどのような疾患であるか、対象者の症状はどのようなものか、それがどの程度の頻度で起きるか、対象者は自分の症状にどのように対応しているか、対応できるか、また、対応できない場合はどこにどのように相談しているかといったことです。これらを伝えることができると双方の不安は解消されていきます。また、知的障害の人には、その人の理解力に応じた説明が求められ、発達障害の人には、一般的には耳で得る情報より目で見る情報のほうが得意であることが多いため、視覚的にわかりやすい説明をするなど、情報の伝え方に工夫が必要になります。あくまでも、対象者の生活歴、症状、性格などを総合的に捉えて、対応していくことが求められます。連携先には、正しく情報と対応方法を伝えていき、理解度を確認することで、対象者の不安を軽減することができます。

　引継ぎをした後には、相談支援事業所は、居宅介護支援連携加算の取得が可能です。引継いだとしても、対象者の不安があるかもしれません。介護支援専門員と情報共有を継続し、一定期間が経過したのちの終結の形が望ましいです。

（2）実際の連携について

　以下、Ａさんの事例を通して、実際の連携をみていきます。

　Ａさんは一人暮らしの女性で、統合失調症があります。10年以上障害福祉サービスの居宅介護を利用し、調理、掃除、買い物の支援を受けています。

　収入は障害基礎年金２級と生活保護で、65歳になったことから介護保険の申請を行うこととしました。地域包括支援センターに相談し、申請を行い、認定調査をしました。

申請と認定調査には、担当予定の介護支援専門員と現在支援している相談支援専門員が同席しました。要介護1で決定し、介護支援専門員へ引継ぎを行いました。

　Aさんは、被害妄想があり、気になること（物を盗まれた、お金がなくなったなど）があると相談支援専門員に電話をする人です。ただ、自分の話したいことを伝えるとすっきりして、気持ちが落ち着きます。相談支援専門員は、介護支援専門員へも事前に情報提供をしておき、電話が来た際の対応方法、調子が悪くなるとサービス利用を拒む傾向があることも併せて伝えました。

　引継ぎ後は、Aさんから相談支援専門員への電話はなく、困ったことは介護支援専門員に相談することができています。また、サービスは、居宅介護から訪問介護に変わりましたが、サービス提供事業所は、障害福祉サービス、介護保険サービス、双方の指定をとっていたため、Aさんへ支援するヘルパーの変更がなかったことも混乱や不安を最低限に抑えることができた要因です。

　このように対象者の情報と対応方法を正確に伝えることで、不安の軽減を図ることが

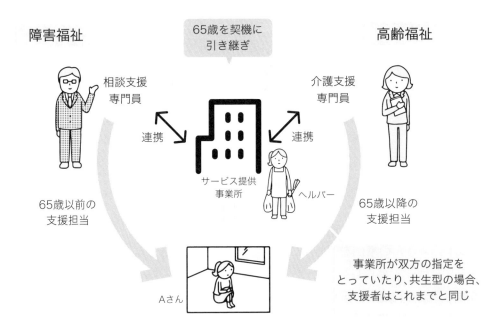

できます。また、サービス提供事業所が、障害福祉サービスと介護保険サービスの双方の指定をとっている、あるいは共生型サービスを行っている場合は、直接支援を行う人が変わらないというメリットもあります。

　サービス、制度の変更の際に、一番不安に感じているのは対象者です。そのことを忘れずに引継ぎをしていくことが重要になります。そのためには、引継ぎ先の制度、できること、できないことを理解しておくことが必要です。互いの役割を正しく認識し、連携していくことが求められています。

第1章　障害者を支援する際、まず知っておきたいこと

第2章　障害者に関する法制度

第3章　障害者総合支援法

第4章　障害福祉サービスの使い方

第5章　障害福祉サービスの実践事例

第6章　障害者の生活を支える制度

第 6 章

障害者の
生活を支える
制度

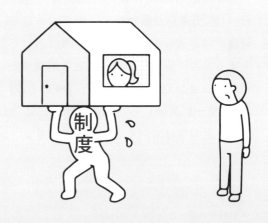

01

生活に困ったときに使える制度は？

● 生活に困るってどういう状況？

「生活に困る」とは、経済的な困りごとから生活上のさまざまな不安や課題まで広い意味がありますが、一番想定しやすいのは、「生活するためのお金に窮している」という意味でしょう。一般的に生活に窮するのは、働けなくなった、収入が少ない、浪費癖があるなどが挙げられますが、障害者やその家族が生活するお金に窮する原因には、職業が限られてしまい収入が少ない、障害のために働けない、医療費が重くのしかかるなどさまざまな理由が考えられます。障害の有無に限らず、生活困窮者には分け隔てなく支援が必要ですが、健常者とは異なる要因などもあり、**障害者やその家族は、より困窮に陥りやすい構造がある**ことを理解しておく必要があります。

● 「健康で文化的な最低限度の生活」を保障する制度

日本国憲法では、「すべて国民は、健康で文化的な最低限度の生活を営む権利を有する」（第25条）と謳われています。そして、そのために右表にまとめたとおり、生活困窮者や障害者の生活を支える制度が設けられています。本章で取り上げる制度には、「生活するお金に窮している」ことを解決する（金銭給付を行う）だけではなく、ノーマライゼーションやICFの考え方（➡第1章）に基づいた社会参加と平等を実現する内容（福祉サービス等）も含んでいます。こうした知識をしっかりと押さえ、必要な援助・制度へとつなげていくことが大切です。

第1章　障害者を支援する際、まず知っておきたいこと

第2章　障害者に関する法制度

第3章　障害者総合支援法

第4章　障害福祉サービスの使い方

第5章　障害福祉サービスの実践事例

第6章　障害者の生活を支える制度

「健康で文化的な最低限度の生活」を保障するセーフティネット

第1の セーフティネット	第2の セーフティネット	第3の セーフティネット
社会保険制度 雇用保険制度	求職者支援制度 住宅手当制度 生活困窮者自立支援制度 生活福祉資金貸付制度	生活保護制度 （公的扶助）

障害者の生活を支える制度一覧

給付の名称・制度	概要
障害年金	公的年金の一つで、病気やケガなどで障害が生じたときに支給される。障害年金には、障害基礎年金と障害厚生年金がある
傷病手当金	医療保険に加入している人（被保険者）が、業務以外の事由が原因でケガや病気により働くことができず、給料が減額・支給されなくなった場合に給付される
労災保険制度	働いているとき（業務災害）や通勤しているとき（通勤災害）にケガや病気等をしてしまった場合、必要な保険給付を行う制度
児童扶養手当 特別児童扶養手当	児童扶養手当：ひとり親家庭の父または母などに対して支給される 特別児童扶養手当：20歳未満の障害児を育てている父母などに対して支給される
生活福祉資金貸付制度	都道府県の社会福祉協議会が資金の貸付や必要な相談・支援を行う制度。必要な資金をほかから借りることが困難な低所得者世帯や障害者世帯、高齢者世帯を対象とした制度
生活保護	病気や障害、失業や働いても収入が少ないといった理由で生活に困っている人に対して、国が最低限度の生活を保障して、自分の力で生活できるようになるまで援助することを目的としており、社会保障の最後の砦
生活困窮者 自立支援制度	生活保護に至る前の段階で包括的な相談支援を実施し、自立の促進を図る制度
障害者手帳制度	障害のある人が身体障害者手帳、療育手帳（地域によって呼び方が異なる）、精神障害者保健福祉手帳の交付を受けることで、さまざまな障害福祉サービスを利用できる制度
日常生活自立支援制度	各地の社会福祉協議会が運営する福祉サービス利用援助事業の一つ。 制度の対象は、認知症高齢者・知的障害者・精神障害者といった判断能力が不十分な人。ただし、この制度は認知症の診断や障害者手帳がなくても利用することが可能
成年後見制度	代理人が、判断能力が十分ではない状態にある本人に代わり、「財産管理」と、「身上監護」を行うことを目的とした民法に基づく制度
地域生活支援事業 における移動支援事業	外出することが困難な障害のある人に、社会生活上必要不可欠な移動や社会参加のための外出に伴う移動の支援を目的とした事業

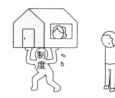

02
障害年金

障害年金の種類

障害による所得の喪失を補い、生活を支えるのが障害年金の役割です。障害年金には、**障害基礎年金**と**障害厚生年金**があります。障害基礎年金は、日本に住んでいる20歳以上の全員（基礎年金の加入者）が対象です。また、障害厚生年金は、会社員や公務員（厚生年金の加入者）が対象となっています。

障害基礎年金は、国民年金に加入している間に、初診日のある病気やケガで、法令により定められた障害等級表（1級・2級）による障害の状態にあるときに支給されます。また、年金制度に加入していない20歳未満、あるいは、年金制度に加入していない期間で日本に住んでいる60歳以上65歳未満の人が障害の状態になった場合も支給されます。

また、厚生年金加入者に限りますが、2級より軽い場合、障害厚生年金3級、さらに軽い障害の場合は、**障害手当金**（一時金）が支給されます。

老齢年金との関係

本来、年金は「1人1年金」が原則です。つまり、支給事由（老齢年金、障害年金、遺族年金）が異なる二つ以上の年金を受けられるようになったときは、原則、一つの年金を選択することになります。そのため、例えば、障害基礎年金と老齢基礎年金の二つの基礎年金をあわせて受けることはできません。

また、障害基礎（厚生）年金を受けている人が、老齢基礎年金と老齢厚生年金を受けられるようになったときは、①老齢基礎年金＋老齢厚生年金、②障害基礎年金＋障害厚生年金、③障害基礎年金＋老齢厚生年金、いずれかの組み合わせを選択することになります。

障害年金の種類　図

1人1年金の原則

障害基礎(厚生)年金を
もらっている人

POINT

年金には「老齢」「障害」「遺族」の3種類があるが受け取れるのは原則、1種類だけ

65歳　　　選択

障害厚生年金
障害基礎年金

老齢厚生年金
老齢基礎年金

老齢厚生年金
障害基礎年金

障害年金の種類

	1級障害	2級障害	3級障害	軽い障害
厚生年金	障害厚生年金 (1級)	障害厚生年金 (2級)	障害厚生年金 (3級)	障害手当金
国民年金	障害基礎 年金 子の加算額	障害基礎 年金 子の加算額		

国民年金は1級と2級ですが、厚生年金には3級と障害手当金があり、手当金は一時金として支払われます。

第1章　障害者を支援する際、まず知っておきたいこと

第2章　障害者に関する法制度

第3章　障害者総合支援法

第4章　障害福祉サービスの使い方

第5章　障害福祉サービスの実践事例

第6章　障害者の生活を支える制度

▶ 障害認定日の考え方、申請の方法

障害認定日の考え方──障害認定日と初診日

障害認定日とは、障害の程度の認定を行うべき日のことで、初診日から1年6か月経過した日、もしくは、初診日から1年6か月経過前に症状が固定した場合（これ以上はよくならない状態）は固定した日です。例えば、ペースメーカーを装着した場合は、装着した日が障害認定日となります。

初診日とは、障害の原因となった病気やケガについて、初めて医師や歯科医師の診療を受けた日のことです。同一の病気やケガで、診察を受けていた医師から別の医師に変えることがあった場合は、一番初めに医師や歯科医師の診療を受けた日が初診日になります。

申請するための三つの要件

障害年金を申請するためには、①**初診日**、②**保険料納付**、③**障害の程度の要件**を満たす必要があります。

まず、①について、原則として**国民年金、厚生年金の被保険者期間中に、障害の原因となった病気やケガに対して医師または歯科医師の診察を受けることが必要**です。

次に、②については、初診日の前々月までの被保険者期間のうち3分の2の保険料納付済期間があることです。なお、初診日の前日時点で、初診日がある前々月までの直近1年間で未納がないという特例（直近1年要件）により、要件を満たすこともできます。ただし、この特例は、初診日が2026（令和8）年4月1日より前で、初診日の年齢が65歳未満の場合に限ります。

そして、③については、障害認定日において、障害の状態が法令で定める障害の程度（障害基礎年金は1級・2級、障害厚生年金は1級～3級）であることです。なお、1～3級は、障害者手帳の等級とは異なることに注意が必要です。

第1章　障害者を支援する際、まず知っておきたいこと

第2章　障害者に関する法制度

第3章　障害者総合支援法

第4章　障害福祉サービスの使い方

第5章　障害福祉サービスの実践事例

第6章　障害者の生活を支える制度

障害認定日の考え方

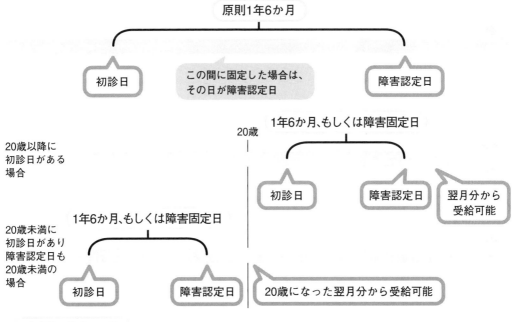

原則1年6か月

初診日 ── 障害認定日

この間に固定した場合は、その日が障害認定日

20歳以降に初診日がある場合

1年6か月、もしくは障害固定日

20歳

初診日 ── 障害認定日

翌月分から受給可能

20歳未満に初診日があり障害認定日も20歳未満の場合

1年6か月、もしくは障害固定日

初診日 ── 障害認定日

20歳になった翌月分から受給可能

申請にあたって

初診日の確認
→ 医師

保険料納付期間の確認
→ 年金事務所

必要な書類の
作成・準備

約1、2か月後に
年金の振込が
始まる

年金請求書を
**年金事務所や
役所へ提出**

初診日時点で共済組合等に
加入していた人は、初診日時点で
加入していた共済組合等になる

年金の支給決定
or
不支給が決定する

支給決定の場合、
年金証書やパンフレットが届く

▶ 遡及請求・事後重症の考え方

遡及請求の考え方

本来、障害認定日（初診日から1年6か月もしくは固定した日）から1年以内に障害年金の給付請求を行うことになっています。しかしながら、障害認定日から年金を請求することができると知らない場合や、年金制度についてよく理解していない場合、請求できるのにできなかったケースも少なくありません。このような場合、障害認定日から1年以上経過した後で障害認定日時点に遡って請求することを**遡及請求**といいます。遡及請求をする場合、原則として障害認定日から3か月以内の診断書と請求時点での診断書の合計2枚が必要です。また、遡及による支給は時効の関係で5年前までの分となります。

事後重症の考え方

一方、障害認定日（初診日から1年6か月）時点では障害等級に該当していなかったものの、その後65歳に達する日の前日までに障害が悪化し、障害等級に該当する状態に至った場合に請求することを**事後重症請求**といいます。事後重症請求は、障害認定日請求を行わない理由の確認が必要です。例えば、障害認定日時点で受診歴がない、閉院などのため当時のカルテが保管されていないといった理由により、障害認定日時点における診断書が取得できない場合にも行われます。請求できるかどうかは、医療機関で医療ソーシャルワーカーに確認してみましょう。

なお、既に傷病により3級以下の障害の状態にある人が、新たに障害を併発し、二つ以上の障害を併せた状況で判断したときに1級・2級に該当する場合、障害年金を請求することができます（**基準傷病請求：はじめて2級**）。この場合、65歳以上でも2級以上の障害に該当していれば、請求することができます。

本来請求

障害認定日より1年以内に請求。認定日から3か月以内の診断書が必要

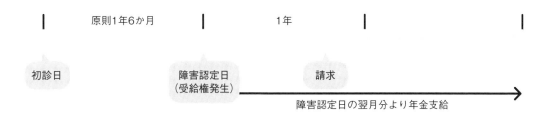

遡及請求

1年以上たってからの請求。診断書は2枚必要

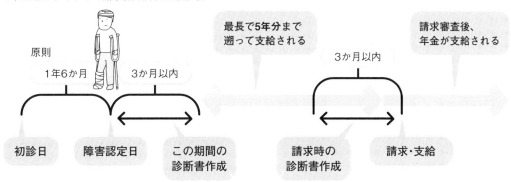

2枚必要

事後重症請求

症状の悪化後に請求。請求前3か月以内の診断書が必要

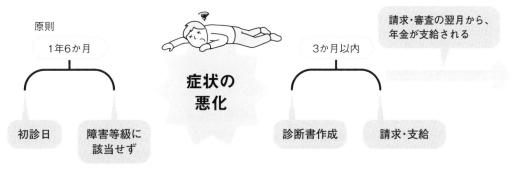

第1章　障害者を支援する際、まず知っておきたいこと

第2章　障害者に関する法制度

第3章　障害者総合支援法

第4章　障害福祉サービスの使い方

第5章　障害福祉サービスの実践事例

第6章　障害者の生活を支える制度

03

傷病手当金

病気やケガで働けなくなった！

傷病手当金とは、医療保険に加入している人（被保険者）が、業務以外の事由が原因でケガや病気により働くことができず、給料が減額・支給されなくなった場合に、生活の安定を目的に給付するお金のことです（業務関連の事由の場合➡ P.186）。

受給の条件としては、①業務外の事由による病気やケガの療養のための休業であること（業務上の事由であれば、労働者災害補償保険の対象となります）、②仕事に就くことができないこと（労務不能）、③**連続する３日間（待期期間）を含み**４日以上仕事に就けなかったこと、④休業した期間に給与の支払いがないこと、これらの四つすべてを満たしていることです。

傷病手当金が支給される期間は、支給開始した日から最長で通算１年６か月、１日あたりの支給額は、原則として直近12か月間における標準報酬月額の平均額÷30日に相当する額の３分の２です。標準報酬月額とは、職場から自分がもらう毎月の基本給や賞与・諸手当といった報酬を区切りのよい幅で区分した金額のことです。支給開始後通算１年６か月を超えた場合は、仕事に就くことができない場合でも、傷病手当金は支給されません。支給を希望する場合は、**職場の担当部署に相談してみてください。**

「健康保険」に加入していることが前提

なお、傷病手当金は、会社に雇用されて働く人を対象とした**「被用者保険」**（健康保険や共済組合等）に加入していることが給付の条件です。つまり、「国民健康保険」に加入している人（例．自営業を営む人）は、休業期間の給付額が明確でないため、傷病手当金の対象にはならないことに注意が必要です。

傷病手当金受給の考え方　図

待期期間について

  休 出 休 休 出 出 休 休 出 休

待期完成せず

休 休 出 休 休 休 休 休 休 休

待期完成　　　　　　　　傷病手当金受給

休 休 休 出 休 休 休 休 休 休

待期完成　　　　　　　　傷病手当金受給

> 3日連続で休むことを **待期完成** といい、待期が完成しないと傷病手当金は支給されません。
> なお、待期とは「時期が来るのを待つこと」を意味しています。

支給される期間

同一原因・傷病による場合

支給開始日　　　　　　通算1年6か月　　　　　　　　　　　

	支給	← 不支給 →	支給	← 不支給 →
待機	欠勤	出勤	欠勤	欠勤

> 支給開始から通算して1年6か月まで支給されます。なお、不支給の期間はカウントされません。

POINT

事業主（会社）→ 申請 → 協会けんぽや組合保険

第1章　障害者を支援する際、まず知っておきたいこと
第2章　障害者に関する法制度
第3章　障害者総合支援法
第4章　障害福祉サービスの使い方
第5章　障害福祉サービスの実践事例
第6章　障害者の生活を支える制度

04
労働者災害補償保険

労働者災害補償保険とは？

労働者災害補償保険（以下、**「労災保険」**という）**制度**は、働いているとき（業務災害）や通勤しているとき（通勤災害）にケガや病気等をしてしまった場合、必要な保険給付を行うことやケガや病気等をしてしまった人の社会復帰の促進等の事業を行う制度です。なお、その費用は、原則として事業主の負担する保険料によって賄われていますので、**働いている本人（労働者）に負担はありません**。

給付の種類には、主なものとして①亡くなった場合に遺族に支払われる遺族（補償）等給付、②受診して治療を受けることができる療養（補償）等給付、③ケガをして仕事に行けなくなった場合に支払われる休業（補償）等給付、④障害が残ってしまった場合に支払われる障害（補償）等給付、⑤介護を受けている場合に支払われる介護（補償）等給付の五つがあります。

労災保険はすべての働く人が給付の対象

労災保険は、原則、一人でも労働者を使用している事業は、業種の規模を問わず適用されます。労働者であればアルバイトやパートタイマー等の雇用形態は関係なく適用されることがポイントです。また、使用者に故意・過失がなかった場合でも、使用者は責任を負うことになっています（無過失責任の原則）。労災保険の申請は、給付の内容によって申請の流れが異なりますが、会社が代行することが多いため、利用を希望する場合は担当部署へ相談してみましょう。

なお、公務員は労災保険の適用からは除外されていますが、「地方公務員災害補償法」や「国家公務員災害補償法」で給付が保障されています。

第1章　障害者を支援する際、まず知っておきたいこと

第2章　障害者に関する法制度

第3章　障害者総合支援法

第4章　障害福祉サービスの使い方

第5章　障害福祉サービスの実践事例

第6章　障害者の生活を支える制度

状況	給付の種類	給付内容の概要
負傷・疾病 病気やケガをした	療養（補償）等給付	・必要な療養の給付（労災病院や労災保険指定医療機関等で療養を受けるとき） ・必要な療養の費用の給付（労災病院や労災保険指定医療機関等以外で療養を受けるとき）
仕事を休まなければならない	休業（補償）等給付	・休業4日目から給付が受けられ、休業1日につき給付基礎日額の60％相当額
1年6か月以上療養しなければならない	傷病（補償）等年金	・障害の程度（第1級〜第3級）に応じて、給付基礎日額の313日分から245日分の年金
障害 障害が残った	障害（補償）等給付	障害等級が第1級から第7級に該当する障害が残った場合は「障害（補償）等年金」、第8級から第14級に該当する障害が残った場合は「障害（補償）等一時金」が給付される
要介護 介護が必要となった	介護（補償）等給付	常時介護または随時介護を必要とする人に給付される。なお、現に介護を受けていることが必要
死亡 死亡した	遺族（補償）等給付	通常は、「遺族（補償）等年金」が給付されるが、遺族（補償）等年金を受け取る遺族がいない、受け取る権利のある人がいない場合は「遺族（補償）等一時金」が支払われる
葬祭を行った	葬祭料等	死亡した人の葬祭を行う際に支給される

> 給付基礎日額とは、災害に遭った日の直前3か月間に支払われた賃金の総額を、その間の総日数で割った金額のことです。

POINT

障害（補償）等給付

障害等級に応じて年金や一時金が支給される
障害等級が第1級から第7級だと障害（補償）等年金や障害特別年金、第8級から第14級だと障害（補償）等一時金や障害特別年金が支給され、障害特別支給金は、障害等級問わず支給される。いずれも、障害等級に応じた給付額が支給される

05

児童扶養手当、
特別児童扶養手当

児童扶養手当や特別児童扶養手当は社会手当の一種

近年、子どもの貧困問題が広がっています。特に母子世帯の貧困率は50％と高い傾向があります。また、子どもが多いほど、養育する費用もかさむため、相対的に貧困に陥りやすくなります。こうした子育て世代への金銭給付支援として児童手当がありますが、そのほかに、ひとり親家庭の父または母などに対して支給される**児童扶養手当**や20歳未満の障害児を育てている家族などに対して支給される**特別児童扶養手当**があります。これらは、社会手当と呼ばれており、一定の金銭を給付することで、貧困に陥ることを予防することを目的としています。なお、社会手当には、所得制限が設けられていることに注意が必要です。

特別児童扶養手当は障害児を監護する者に対して支給されるため、障害児入所施設等に入所している場合は受給できません。また、2021年には児童扶養手当法が改正され、児童扶養手当の月額が障害基礎年金等の子の加算部分の月額を上回る場合、その差額を児童扶養手当として受給できるようになりました。

認定請求（申請）の方法―特別児童扶養手当の場合

手当を受給するためには、居住地の市区町村で認定請求をすることが必要です。まず、市区町村の指定された窓口で認定請求書を記入します。なお、該当する要件などによって認定請求に必要な書類が異なりますので、事前に相談することが推奨されています。

認定請求後、受給資格が認定された場合、認定請求した翌月分の手当から支給される仕組みになっています。

第1章　障害者を支援する際、まず知っておきたいこと

第2章　障害者に関する法制度

第3章　障害者総合支援法

第4章　障害福祉サービスの使い方

第5章　障害福祉サービスの実践事例

第6章　障害者の生活を支える制度

児童扶養手当法の改正

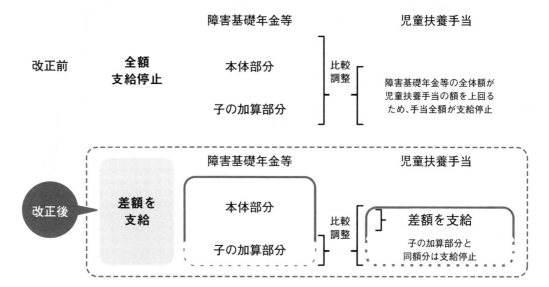

児童扶養手当と特別児童扶養手当の比較

	児童扶養手当	特別児童扶養手当
給付の対象	ひとり親家庭の父や母等	障害児を育てている父母等
子どもの条件	18歳の誕生日の属する年度末までの間にある児童	20歳未満で法令に規定する障害の状況にある児童
給付額（全額支給の場合）	子ども　1人　4万3070円／月　　　　　　2人　＋1万170円／月　　　　　　3人以上　1人につき6100円／月	障害程度1級　5万2400円／月　障害程度2級　3万4900円／月
所得制限	あり	あり
財源	国が1/3、都道府県、市および福祉事務所設置町村が2/3を負担	国が全額負担

※金額は2022年4月から

06

生活福祉資金貸付制度

生活福祉資金貸付制度とは？

「生活福祉資金貸付制度」とは、都道府県の社会福祉協議会が資金の貸付や必要な相談・支援を行う制度のことで、必要な資金をほかから借りることが困難な低所得世帯や障害者世帯や高齢者世帯に対し、資金の貸付と必要な相談支援を行うことで安定した生活を送ることができるようにすることを目的としています。

生活福祉資金の種類には、**①総合支援資金、②福祉資金、③教育支援資金、④不動産担保型生活資金**の四つがあり、用途により申し込む資金が異なります。

なお、**給付ではなく貸付である**ことが、この制度のポイントです。貸付が終わってから一定期間（据置期間）を過ぎると、返済を開始します。返済を完了させる期限（償還期限）も定められています。貸付限度額や貸付利子、連帯保証人の有無については、資金の用途により異なりますが、無利子の場合や、低利子で負担の少ないものになっています。

失業や災害等にも対応

新型コロナウイルス感染症の影響により、休業・失業や減収等で生活困窮世帯が増えました。これに対応して、貸付の対象世帯を低所得世帯以外に拡大したり、休業や失業等により生活資金に悩む人々に向けた「緊急小口資金等の特例貸付」が時限的な取組みとして行われました。また、大規模な災害が発生した場合には、貸付対象を被災世帯に拡大して「災害時特例貸付」が行われています。常にあるものではなく、あくまでも**特例的に行われている貸付**である点に注意してください。

第1章　障害者を支援する際、まず知っておきたいこと

第2章　障害者に関する法制度

第3章　障害者総合支援法

第4章　障害福祉サービスの使い方

第5章　障害福祉サービスの実践事例

第6章　障害者の生活を支える制度

生活福祉資金の種類

総合支援資金	生活支援費	生活が再建するまでの間、生活するために必要な費用 貸付限度額：（二人以上）月20万円以内、（単身）月15万円以内 返済期限：措置期間期限後10年以内
	住居入居費	住宅の賃貸契約を結ぶために必要な費用（例. 敷金・礼金） 貸付限度額：40万円以内 返済期限：措置期間期限後10年以内
	一時生活再建費	生活を再建するために一時的に必要であり、日常生活費で賄うことが困難な費用（例. 就職・転職を前提とした技能習得に要する経費、滞納している公共料金等の立て替え費用） 貸付限度額：60万円以内 返済期限：措置期間期限後10年以内
福祉資金	福祉費	日常生活を送る上で、あるいは、自立生活に資するために一時的に必要であると見込まれる費用（例. 生業を営むために必要な経費・技能習得に必要な経費、介護サービス、障害者サービス等を受けるのに必要な経費） 貸付限度額：580万円以内（資金の用途により異なる） 返済期限：措置期間期限後20年以内
	緊急小口資金	緊急で一時的に生計の維持が困難となった場合に貸付を行う少額の費用 貸付限度額：10万円以内 返済期限：措置期間期限後12か月以内
教育支援資金	教育支援費	低所得世帯に属する者が高校・大学・高等専門学校に就学するために必要な経費 貸付限度額：（高校）月3.5万円以内、（大学）月6.5万円以内 返済期限：措置期間期限後20年以内
	就学支度費	低所得世帯に属する者が高校・大学・高等専門学校に入学するときに必要な経費 貸付限度額：50万円以内 返済期限：措置期間期限後20年以内
不動産担保型生活資金	不動産担保型生活資金	貸付限度額：不動産の評価額の70%、月30万円以内 返済期限：契約終了後3か月以内
	要保護世帯向け不動産担保型生活資金	貸付限度額：不動産の評価額の70%程度で月に生活扶助額の1.5倍以内 返済期限：契約終了後3か月以内
特例貸付	緊急小口資金等の特例貸付	————
	災害時特例貸付	大規模災害時、貸付対象を被災世帯に拡大して緊急小口資金等の災害時特例貸付を実施

生活福祉資金を交付するまでの流れ

市町村区の社会福祉協議会に相談・申込する

都道府県社会福祉協議会が貸付審査を行う

貸付が決まったら、借用書を都道府県社会福祉協議会に送る

貸付金が交付される

総合支援資金や緊急小口資金を希望する場合は、生活困窮者自立支援制度における自立相談支援事業の利用が貸付要件となっている

07
生活保護

最低限度の生活を保障

生活保護法は、憲法第25条の理念に基づいて、国が生活に困窮するすべての国民に対して、困窮の程度に応じて必要な保護を行い、最低限度の生活を保障し、自立を助長することを目的としています。つまり、生活保護は、病気や障害、失業や働いても収入が少ないといった生活に困っている人に対して、国が自分の力で生活できるようになるまで援助することを目的として実施されるものです。

なお、**生活保護は、資力調査を実施した上で、もてる資産や能力などを活用し努力をしても最低生活が維持できないと判断されたときに行われる**のが特徴です。また、生活保護は、「社会保障の最後の砦」ですので、ほかの法律による扶助を受けることが可能であれば、まずその扶助を受けることが優先となります（他法優先の原則）。

生活保護の申請

生活保護には、八つの扶助があり、必要な人に必要な扶助が行われています。生活保護は、原則として、本人の申請に基づいて行われます。「原則」と書いたのは、扶養する義務のある人や同居の親族が申請することもあるからです。また、生活保護を申請すべき本人が急迫した状況にあるときは、必要な職権による保護が可能です。

近年、生活保護の不正受給をめぐるニュースが話題となっています。ニュースで生活保護が話題に上がることで、生活保護を利用している人が偏見・差別を受けたり、生活保護を受けようと思っている人が申請をためらってしまったりすることがあります。自分のもっている資産や能力を用いて努力しても生活が維持できない状況であれば、**誰でも生活保護を申請して扶助を受ける権利がある**という認識をもつことが重要です。

⑧葬祭扶助
葬祭に必要な費用

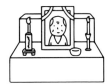

①生活扶助
衣食や電気、
ガス、水道などの
日常生活に
必要な費用

⑦生業扶助
技能を身につけたり、
新たに仕事に就く
ために必要な費用
高等学校に修学
するために必要
な費用

②教育扶助
小・中学校に通う児童の学用品、
教材費、給食費など義務教育を
受けるのに必要な費用

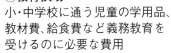

八つの
扶助

⑥出産扶助
出産に必要な費用

③住宅扶助
家賃や地代、住宅の補修等に
必要な費用

⑤介護扶助
介護サービスを
利用するために
必要な費用

④医療扶助
けがや病気の
治療に必要な費用

08 生活困窮者自立支援法

「生活困窮者」って、誰のこと？

働きたくても働けない、住む所がないといった人を支援するために2015（平成27）年から生活困窮者自立支援法に則って生活困窮者自立支援制度がスタートしました。同法は、2018（平成30）年に改正され、「就労の状況、心身の状況、地域社会との関係性その他の事情により、現に経済的に困窮し、最低限度の生活を維持することができなくなるおそれのある者」を生活困窮者として明確に定義づけました。

「生活保護」に至ることなく、安定した生活を送ることができるように、自立相談支援事業、就労準備支援事業、就労訓練事業、一時生活支援事業、住居確保給付金の支給、家計改善支援事業、生活困窮世帯の子どもの学習・生活支援事業が実施されています。

貧困の連鎖防止のために

心身の不調や障害やケガにより長期間働くことができなかったといった理由で働きづらさを抱え、すぐに一般就労することが難しい人に対して、一般就労に向けた支援つきで訓練する場が提供されています（就労訓練事業）。これは、一般就労でも障害者雇用等の福祉的就労でもない働き方であり、**中間的就労**と呼ばれています。

中間的就労では、ボランティアや農作業、公的施設の清掃などの軽作業といった就労訓練を行うなかで、生活習慣を見直し、少しずつ働く意欲を高め、一般就労できるようにすることを目指しています。なお、中間的就労は、就労を目指す場だけでなく、社会参加の場として活用されることを想定されています。つまり、**一般就労して経済的な自立ができることだけでなく、日常生活の自立や社会的な自立も視野に入れている**ことがポイントです。

生活困窮者自立支援制度に基づく支援

生活困窮者自立支援制度

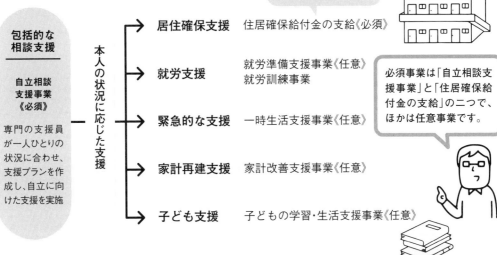

包括的な
相談支援

自立相談
支援事業
《必須》

専門の支援員
が一人ひとりの
状況に合わせ、
支援プランを作
成し、自立に向
けた支援を実施

本人の状況に応じた支援

→ 居住確保支援　住居確保給付金の支給《必須》

本制度の中で唯一の
現金給付支援

→ 就労支援　就労準備支援事業《任意》
就労訓練事業

必須事業は「自立相談支
援事業」と「住居確保給
付金の支給」の二つで、
ほかは任意事業です。

→ 緊急的な支援　一時生活支援事業《任意》

→ 家計再建支援　家計改善支援事業《任意》

→ 子ども支援　子どもの学習・生活支援事業《任意》

中間的就労

一般就労　中間的就労　福祉的就労（障害者雇用等）

一般就労と福祉的就労の間くらいの働き方を「中間的就労」という

自立相談の窓口

相談窓口

自立相談支援機関
全都道府県に設置
市区町村の福祉担当部署や社会福祉協議会、社会福祉法
人、NPO法人などにも設置

09

障害者手帳制度

障害者手帳制度とは

障害者手帳制度とは、障害のある人が身体障害者手帳、療育手帳（地域によって呼び方が異なります）、精神障害者保健福祉手帳の交付を受けることで、さまざまなサービスを利用できる制度です。身体障害者手帳は原則更新手続きは不要ですが、ほかの手帳は定期的な更新が必要です。

2019（平成11）年４月から、各手帳制度においてカード型（健康保険証のサイズ）の交付も認められるようになりました。もちろん今までの紙型のものも発行できますが、財布のなかに入れることができるサイズということで、利便性が向上しています。また、最近では、障害者手帳をスマホで手軽に管理できるアプリも登場しています。

さまざまなサービスが受けられる

障害者手帳は、その人にどのような障害があるのかを他者に明確に示すことができるものであり、これにより各種サービスを受けやすくし、より社会参加をしやすくするための大切なツールといえます。

具体的なサービスとしては、所得税・住民税の控除などの税制上の優遇、NHK放送受信料の減免や障害者雇用での算定対象になるほか、自治体・事業所によっては公共施設の入場料等の割引、医療費助成、公営住宅の優先入居、鉄道・バス・タクシー等の運賃割引、携帯電話の料金割引などさまざまなサービスを利用することが可能です。一方で、手帳の種別・等級によって利用可能かどうかが異なるサービスもあります。自分の住んでいるところではどのようなサービスが使えるか、自治体の福祉課等で確認をしてみてください。

障害者手帳の種類

	身体障害者手帳	療育手帳	精神障害者保健福祉手帳
根拠	身体障害者福祉法 （1949年法律第283号）	療育手帳制度について （1973年厚生事務次官通知） ※通知に基づき、各自治体において要綱を定めて運用	精神保健及び精神障害者福祉に関する法律 （1950年法律第123号）
交付主体	・都道府県知事 ・指定都市の市長 ・中核市の市長	・都道府県知事 ・指定都市の市長	・都道府県知事 ・指定都市の市長
税制の優遇措置等	・国税や地方税の控除または減免 ・補装具購入費の助成または支給（身体障害者手帳のみ） ・障害者の生活支援を目的とした住宅リフォーム費の助成 ・公共交通機関など各種運賃や通行料の割引 ・郵便料金、NHK受信料、公共施設入館料など一部公共料金の減免または無償化　　　　　　　　　　等		・国税や地方税の控除または減免 ・NHK受信料、公共施設入館料などの減免 ・公共交通機関の運賃の割引　　　　　　　　等
所持者数	497万7249人 （2020年度福祉行政報告例）	117万8917人 （2020年度福祉行政報告例）	118万269人 （2020年度衛生行政報告例）

手帳の申請と交付の例（身体障害者手帳の場合）

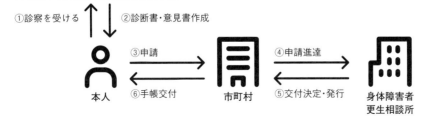

身体障害者福祉法第15条指定医

①診察を受ける　②診断書・意見書作成

本人　③申請　市町村　④申請進達　身体障害者更生相談所
⑥手帳交付　⑤交付決定・発行

▶ 手帳制度のサービス内容

毎月バカにならないケータイ代

　今日において、携帯電話は、誰かに電話やメールで連絡をとるだけでなく、例えば、Webから情報を収集したり、ショッピングをしたりといった多様な機能があります。私たちが生活する上で、欠かせない道具です。一方、携帯電話やスマートフォンには、毎月、月々8682.6円の移動電話通信料がかかります（『令和3年版情報通信白書』）。家賃や公共料金、食費といった生活費の支払いも考慮すると、毎月約9000円の支払いは安くはない金額です。

　わが国における携帯電話のシェア率の高いdocomo、KDDI（au）、Softbankの3社では、いずれも、障害者手帳を持っている人に対する料金割引が設定されています。docomoは「ハーティ割引」、auは「スマイルハート割引」、Softbankは「ハートフレンド割引」という名称で行っています。ただし、一部のプランでは割引が行なわれないことに注意が必要です

「人はパンのみに生きるにあらず」（企業独自で行っている割引制度）

　「人はパンのみに生きるにあらず」という言葉があります。これは、人が生きていくためには、物質的な満足だけでなく精神的な満足・充実も大切であることを意味しています。例えば、テーマパークやカラオケといった娯楽を満喫することや、美術館や映画館に行き絵画や映画を鑑賞することは、精神的な満足・充実を得ることにつながります。

　障害者手帳を提示すると、料金の一部を割引できる制度を企業が独自で設けています。制度の内容は企業により異なりますので、企業のホームページを参照するとよいでしょう。

手帳の所持による割引制度　図

割引制度（1）携帯電話会社による割引の比較

会社・割引の名称	割引内容
docomo ハーティ割引	・基本使用料の割引（1507円／月割引：5Gギガホ（spモード含む）の場合） ・各種サービスの利用料金の割引など
au スマイルハート割引	・基本使用料の割引（330円／月割引：使い放題MAX 5Gの場合） ・通話料の割引など
Softbank ハートフレンド割引	・定額基本料の割引（1870円／月割引：スマ放題の場合） ・各種手数料無料など

2022年4月現在

割引制度（2）その他、企業独自で行っている割引例

企業・施設名	割引内容
JR	旅客運賃の割引
各バス会社	バス運賃の割引
各航空会社	国内航空運賃の割引
東京ディズニーリゾート （ランド・シー）	大人1名9400円から7400円に割引等※（1名につき同伴者1名が割引対象） ※1400円から2000円までの割引がある
ユニバーサルスタジオ ジャパン	大人1名8400円から4600円に割引等（1名につき同伴者1名が割引対象）
国立新美術館	企画展は無料で、同伴者1名も無料 （公募展は美術団体によって異なる）
TOHOシネマズ	一般1900円から1000円に割引 （1名につき同伴者1名も割引対象）
ビックエコー	室料50%割引

2022年4月現在※企業、また手帳種別等で割引を実施していない場合もあるので要確認

第1章 障害者を支援する際、まず知っておきたいこと

第2章 障害者に関する法制度

第3章 障害者総合支援法

第4章 障害福祉サービスの使い方

第5章 障害福祉サービスの実践事例

第6章 障害者の生活を支える制度

10
成年後見制度

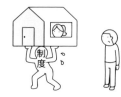

成年後見人等の仕事は財産管理と身上監護

　成年後見制度とは、代理人が、判断能力が十分ではない状態にある本人に代わり、本人の財産を守ること**（財産管理）**と、生活の質を担保し向上を図ること**（身上監護）**を目的とした民法に基づく制度です。判断能力が十分ではない状態にある本人のことを「成年被後見人」と呼びます。また、代理人は、家庭裁判所が本人の判断能力に応じて「後見」・「保佐」・「補助」を決定し、それぞれ「成年後見人」・「保佐人」・「補助人」と呼びます。

　成年後見制度には、判断能力が不十分になってから家庭裁判所が代理人を法律に基づいて成年後見人等を決める「法定後見制度」と、判断能力が不十分になる前に本人と本人が指名した代理人との契約による「任意後見制度」の二つがあります。

成年後見人等は家庭裁判所の判断で決まる

　成年後見人等には、本人の家族や第三者（例えば、弁護士、司法書士、社会福祉士）、さらには社会福祉法人や財団法人といった公益法人の機関や施設が選ばれます。なお、成年後見人等は必ず１人ということではありません。例えば、親族同士や親族と第三者後見人の組み合わせで決まることもあります。

　選ぶ際の基準は、候補となる人の生活状況や健康状態、本人との利害関係等を考慮して選びます。本人に家族がいない、家族はいるが引き受ける意思がない、家族間で財産管理などに対して意見の違いがある場合は、第三者が選ばれます。つまり、**成年後見人等は、本人にとって最も安心・安全で、本人の最大限の利益を考えて行動ができる人や法人、またはその組み合わせを家庭裁判所が判断して決定します。**

第1章　障害者を支援する際、まず知っておきたいこと

第2章　障害者に関する法制度

第3章　障害者総合支援法

第4章　障害福祉サービスの使い方

第5章　障害福祉サービスの実践事例

第6章　障害者の生活を支える制度

法定後見制度の概要

	後見	保佐	補助
対象となる人	判断能力が欠けているのが通常の状態である人	判断能力が著しく不十分な人	判断能力が不十分な人
利用者数（2020年末）	17万4680人	4万2569人	1万2383人
申し立てができる人	本人、配偶者、4親等内、成年後見人等、任意後見人、任意後見受任者、成年後見監督人等、市町村長、検察官		
成年後見人等が同意または取り消すことのできる行為の範囲	日常の買い物などの生活にかかわる行為以外の行為	重要な財産に関する権利を得喪する行為等	申立の範囲内で裁判所が定める行為（本人の同意が必要）
成年後見人等に与えられる代理権の範囲	財産にかかわるすべての法律行為	申立の範囲内で裁判所が定める特定の行為（本人の同意が必要）	申立の範囲内で裁判所が定める特定の行為（本人の同意が必要）

成年後見人による代理権・同意権・取消権の主な内容

	できること	できないこと
代理権	貯金の引き出し、定期的な収入（給料や年金）の受取とその手続き、施設への入所契約や病院への入院契約 サービスが適切に行われていない場合、施設に対して改善を求めること 医療の契約（入院費用の支払い）	誰かと結婚を決めることや誰かを養子にする等の身分行為 遺言書の作成
同意権	不動産の売買契約 相続の承認 訴訟行為を行うこと 等	※成年後見人が代理で行うことが基本のため、成年後見人には同意権そのものがない
取消権	成年被後見人等にとって不利益を被る契約の取り消し	日用品の購入その他日常生活に関する行為

11
日常生活自立支援事業

福祉サービスを適切に利用できるように支援

日常生活自立支援事業は、成年後見制度を使うレベルではないけれども、認知症高齢者、知的障害者、精神障害者といった**判断能力に不安がある人（利用者）が地域で自立して暮らせるように、利用者との契約に基づいて日常生活上の支援や福祉サービスを適切に利用することなどを支援する事業**です。実施主体は、各都道府県・指定都市社会福祉協議会で、窓口業務は市町村の社会福祉協議会が担っています。なお、利用できるのは、上記のとおり、判断能力が不十分な人となりますが、認知症の診断や障害者手帳がなくても利用することができます。

この事業では、社会福祉協議会に属する専門員が相談を受け、利用者の希望に沿った支援計画を立て、実際の支援は生活支援員が担います。この際に、**利用者と契約を行う点がポイント**です。そのため、契約の内容について判断し得る能力を有していると認められる人が対象となり、判断が難しい場合は、都道府県の社会福祉協議会に設置されている契約締結審査会が判定します。

なお、利用料については、各社会福祉協議会が定める金額を利用者が負担します。

具体的な内容

生活支援員は、利用者が契約した内容に基づいたサービスを提供します。例えば、貯金から生活費を下ろすことや郵便物の支払いで必要なものがあれば、生活支援員と一緒に確認をしたり、高額な電化製品などの買い物をする際、心配なときに相談することができます。また、福祉サービスを使うときの手続きや役所に提出する書類の書き方についても相談することができます。

日常生活自立支援事業の支援開始に至るまでの流れ

①相談の受付

家族や、介護支援専門員などからの
問い合わせにも対応している

②専門員が利用希望者と相談・打ち合
わせをする

利用希望者が契約内容を理解しているか
判断できない場合、契約を結ぶ能力が
あるかを判定する

③専門員が具体的な調査と関係者・機
関との調整を行う

契約締結審査会

④専門員が契約書・支援計画の作成を
する

⑤専門員による契約内容の説明と、利用
者は同意した上で契約書に署名する

事業全体の観察や利用者本人からの
サービスに対する苦情や異議の
申し立てに対応する

相談・苦情

⑥生活支援員による支援開始

運営適正化委員会

日常生活自立支援事業での支援内容

福祉サービスを使いたい
が、どうすればいいかわか
らない

介護関係の書類がたくさ
ん来るけど、どう手続きし
たらいいかわからない

計画的にお金を使いたい
けど、いつも迷ってしまう

最近物忘れが多くて預金
通帳をちゃんとしまった
か、いつも心配

福祉サービスを利用する支援　・さまざまな福祉サービスの利用に関する情報の提供、相談　等

**日常生活の金銭管理に
かかわる支援**
・福祉サービスの利用料金の支払い代行
・病院への医療費の支払いの手続き　等

**日常生活に必要な
事務手続きにかかわる支援**
・住宅改造や居住家屋の賃借に関する情報提供、相談
・住民票の届け出等に関する手続き　等

福祉サービスを利用する支援　・通帳やハンコ、証書などの書類を安全な場所で管理すること　等

第1章　障害者を支援する際、まず知っておきたいこと
第2章　障害者に関する法制度
第3章　障害者総合支援法
第4章　障害福祉サービスの使い方
第5章　障害福祉サービスの実践事例
第6章　障害者の生活を支える制度

12
民生委員・児童委員制度

社会福祉の増進に努める人たち

民生委員は、地域住民の困りごとや心配ごとを聞き、助けてくれる人や場所を紹介することで、どの人も安心安全に生活できることを実現しようとするボランティアです。また、児童委員は、地域の子どもたちが元気に安心して暮らせるように、子どもたちを見守り、子育ての不安や妊娠中の心配ごとなどの相談・支援等を行います。児童福祉法で、民生委員が児童委員を兼ねることが定められており、正式には「民生委員・児童委員」と呼ばれています（委員の一部は、厚生労働大臣より主任児童委員に指名されます）。

民生委員は、民生委員法に規定された非常勤の特別職の地方公務員です。ボランティアのため給与はなく、任期は3年で、再任もできます。市町村に設置されている民生委員推薦会が民生委員にふさわしい人を推薦します。その後、推薦された人について地方社会福祉審議会の意見を聞き（努力義務）、都道府県知事が推薦し、厚生労働大臣から委嘱されます。

障害者支援における民生委員の役割

民生委員には、地域で暮らす障害者の状況を可能な限り把握し、何らかの変化に気づいたら必要に応じて専門機関につないだり、障害者本人だけでなく親や兄弟姉妹の思いを受け止めて共感したり、また、地域での障害者への理解を促進し、地域住民とのつながりを深めるといった役割があります。この役割を果たすために、**日頃から障害者との会話等で関係をつくっておくことが大切**です。これは、平常時はもちろんのこと、自然災害が発生したときに見逃される人を生み出さないことにもつながります。

民生委員・児童委員の活動

七つの活動	内容（例）
社会調査	「声かけ」「安否確認」などの活動をとおして、担当区域内の住民の実態や福祉ニーズを日常的に把握する
相談	地域住民が抱える課題について、相手の立場に立ち、親身になって相談にのる（例：高齢者の家族から、介護についての相談を受けるなど）
情報提供	社会福祉の制度やサービスについて、その内容や情報を住民に的確に提供する（例：介護を続けたいという家族の希望に対応し、介護保険制度を利用して受けられる在宅サービスについての情報を提供するなど）
連絡通報	住民のニーズに応じた福祉サービスを得られるよう、関係機関、施設、団体等に連絡し、必要な対応を促すパイプ役になる
調整	適切なサービスの提供が得られるように支援する（例：介護保険制度にはない通院の送迎などの需要に対し、社会福祉協議会の事業やボランティア活動利用の調整を行うなど）
生活支援	自ら支援活動を行うとともに、近所の人やボランティアグループとネットワークをつくるなどの支援体制を構築する
意見具申	活動を通じて得た問題点や改善策について取りまとめ、必要に応じて民生委員児童委員協議会をとおして関係機関等に意見を提起する

見守りと支援のための連携体制

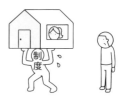

13

移動支援事業

外出困難者の外出を支える

　自立した日常生活または社会生活を営むためには、普段の買い物や余暇活動といった社会参加のための活動（外出）が不可欠です。外出することが困難な障害のある人に、外出するための支援を行うのが移動支援事業です。移動支援事業とは、障害者総合支援法に基づく地域生活支援事業の一つです。

　この事業は、単独での外出が困難な障害児・者が外出する場合に、個別支援、グループ支援、車両移送などによって移動の支援を行うことを目的としています。例えば、個別支援ではガイドヘルパーが付き添って移動を支援します。なお、移動支援のメニューや料金は自治体によって異なりますが、**利用者はサービスの１割負担が基本**です。

行動範囲の拡大を目的とした助成

　外出の範囲を広げることを目的とした支援は、先述した移動支援事業以外にも取り組まれています。例えば、福祉タクシー券の支給や自動車燃料費助成、タクシー運賃の割引、自動車運転免許取得費の補助などがあります。ただし、それぞれの市町村において、取り組んでいるメニューが異なっていたり、支給制限（一般的に福祉タクシー利用券と自動車燃料費助成を同時に利用することはできません）などがあります。

　なお、学校や施設等への通学・通所のための利用は「通年かつ長期にわたる外出」であるため、対象外となっていることが課題です。自治体によっては、通学・通所の訓練のための利用（１か月以内）など、特例として移動支援事業の対象と認めることがありますので、自治体に問い合わせて確認してください。

第1章　障害者を支援する際、まず知っておきたいこと

第2章　障害者に関する法制度

第3章　障害者総合支援法

第4章　障害福祉サービスの使い方

第5章　障害福祉サービスの実践事例

第6章　障害者の生活を支える制度

移動支援事業の概要

対象

障害のある人等であって、
市町村が外出時に移動の支援が必要と
認めた人

種類

[個別支援型]
マンツーマンによる支援

[グループ支援型]
屋外でのグループ活動や、同一目的地・同一イベント等に複数人が同時参加するときの支援

[車両移送型]
福祉バス等車両の巡回による送迎支援や、さまざまな行事に参加するための運行などの支援

自治体によって異なるため、確認が必要

対象となる外出の範囲

・社会通念上必要不可欠な外出（例. 結婚式・葬式の会場）
・日常生活上必要不可欠な外出（例. デパート・銀行・美容院）
・社会参加促進の観点から必要な外出（例. 美術館・プール・動物園）

対象とならない外出の範囲の例

・営業活動
・通勤、通学、通園
・布教活動、ギャンブル
★選挙の投票、通院

ほかの制度が優先的に
利用されるため、
移動支援事業としては
対象外となる場合がある

移動支援とその他の外出支援サービス

外出支援サービス	対象と内容	支援者
同行援護	視覚障害者の移動の援護など	同行援護従事者
行動援護	重度障害者の外出時の見守りなど	行動援護従事者
移動支援	市町村からサービスが必要だと認められた障害者の外出時の移動の支援	ガイドヘルパー　等

14

災害時の対応

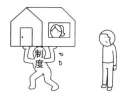

避難生活の二次被害を防ぐために─福祉避難所

高齢者や障害者が災害で犠牲になる割合が高いことから（➡ P.34）、災害時における高齢者や障害者の安全確保が求められています。また、災害が起きたとき、高齢者や障害者、子どものほか、ケガや病気をしている人といった地域の災害時要配慮者が、避難所等で長期間の避難生活を余儀なくされ、必要な支援が行われない結果として、生活機能の低下や要介護度の重度化などの二次被害が生じているケースがあります。

二次被害を防ぐために、災害時に一般の避難所で過ごすことが難しい多様なニーズをもつ被災者にきめ細かく対応できるように、支援が必要な障害者や高齢者を受け入れる設備などを整えた**福祉避難所**の開設が求められています。そのようななか2021（令和3）年5月に災害対策基本法が改正され、障害者や高齢者といった要配慮者が、福祉避難所に直接避難できるようになりました。また、一般の被災者が殺到する混乱を防ぐために、福祉避難所の受入対象者を「障害者」「高齢者」などのように事前に示すことができるようになりました。

具体的な対応としての災害時ケアプラン

近年、高齢者や障害者がどのように避難するかを定めた**「災害時ケアプラン」**をつくる動きが広がっています。これは高齢者や障害者本人をよく知っているケアマネジャーや相談支援専門員が地域住民と話し合って、実効性の高いプランを作成することにより、日常の福祉と防災をつなげることを目的としています。

この取組みを普及していくためには、福祉専門職と地域住民の双方の理解が欠かせません。両者のさらなる連携が望まれます。

福祉避難所と災害時ケアプラン　図

第1章　障害者を支援する際、まず知っておきたいこと

第2章　障害者に関する法制度

第3章　障害者総合支援法

第4章　障害福祉サービスの使い方

第5章　障害福祉サービスの実践事例

第6章　障害者の生活を支える制度

福祉避難所への避難

従来　まずは「一般の避難所へ避難する（一次避難）」→「市区町村が移動を希望する要配慮者数を取りまとめて福祉避難所を開設し移す（二次避難）」という流れ

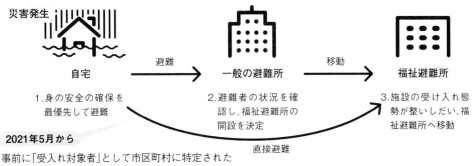

災害発生

自宅　→（避難）→　一般の避難所　→（移動）→　福祉避難所

1. 身の安全の確保を最優先して避難

2. 避難者の状況を確認し、福祉避難所の開設を決定

3. 施設の受け入れ態勢が整いしだい、福祉避難所へ移動

直接避難

2021年5月から
事前に「受入れ対象者」として市区町村に特定された要配慮者→福祉避難所へ「直接避難」が可能になった

災害時のケアプラン

プラン作成のための土台

3
連携（双方をつなぐ人材や関係機関などの協力）

1
福祉専門職の理解
（ケアマネジャー等）

当事者・家族がオープンになる勇気
当事者と家族の減災に対する理解

関係者間の連携がカギ

2
地域住民の理解

プラン作成の流れ

防災リテラシー等のアセスメントを当事者と共有

地域資源の調査

当事者・地域の支援者とのケース会議

プラン作成

当事者によるプランの確認

プランの検証・改善

当事者との個人情報を共有することの同意が必要

第6章 参考文献

- 家庭裁判所「成年後見制度―利用をお考えのあなたへ―」
- 厚生労働省「『生活保護制度』に関するQ&A」
- 厚生労働省「令和2年度 福祉行政報告例」
- 厚生労働省「令和2年度 衛生行政報告例」
- 厚生労働省「生活保護制度」
- 厚生労働省『労災保険給付の概要』
- 国民健康保険協会「傷病手当金」
- 全国社会福祉協議会「生活福祉資金一覧」
- 全国社会福祉協議会「借入申し込み」
- 全国社会福祉協議会『ここが知りたい日常生活自立支援事業なるほど質問箱Q&A』
- 総務省『情報通信白書(令和3年版)』
- 日本年金機構『障害年金ガイド(令和3年度版)』

索引

執筆者一覧

[編著]

二本柳 覚(にほんやなぎ・あきら)　第2章・第3章
京都文教大学臨床心理学部臨床心理学科・講師

修士（福祉マネジメント：日本福祉大学）。日本福祉大学社会福祉学部社会福祉学科卒業後、精神科医療機関等で勤務の後、高知県立大学社会福祉学部、日本福祉大学スーパービジョン研究センターを経て現職。専門は精神保健福祉、社会福祉専門職養成教育など。主な著書に「これならわかるスッキリ図解障害者総合支援法」「これならわかるスッキリ図解障害者差別解消法」「これならわかるスッキリ図解精神保健福祉制度のきほん」（いずれも翔泳社）

[著者(執筆順)]

澤田 佳代(さわだ・かよ)　第1章
日本福祉大学学生支援センター・学生支援相談員／精神保健福祉士・公認心理師
金城学院大学・非常勤講師／愛知県立高校スクールソーシャルワーカー

渡辺 明夏(わたなべ・めいか)　第4章
中部学院大学人間福祉学部人間福祉学科・助教

草野 由紀（くさの・ゆき）　第5章01
社会福祉法人ぶなの木福祉会相談支援事業所ひだまり・精神保健福祉士、
相談支援専門員

林 大輔(はやし・だいすけ)　第5章02
社会福祉法人大府福祉会たくと大府・施設長／社会福祉士、公認心理師

山下 朋美(やました・ともみ)　第5章03
LITALICO ワークス四条大宮・ジョブコーチ、臨床心理士、公認心理師

森 拓平(もり・たくへい)　第5章04
社会福祉法人イエス団 障がい児・者ホームヘルプ事業「ゆうりん」・管理者

長谷川 さとみ(はせがわ・さとみ)　第5章05
社会福祉法人藤聖母園相談支援事業所 藤・管理者／主任相談支援専門員

寺谷 直輝(てらたに・なおき)　第6章
愛知文教大学／大同大学／名古屋経済大学／名古屋医健スポーツ専門学校・
非常勤講師

【読者アンケートのお願い】

本書へのご感想やご意見、ご要望をぜひお聞かせ
ください。
右の QR コードよりご回答いただくか、読者カー
ドにご記入いただき、返送してください。

図解でわかる障害福祉サービス

2022年 5 月20日　初　版　発　行
2024年 3 月20日　初版第 5 刷発行

編　者　　　二本柳 覚
発行者　　　荘村明彦
発行所　　　中央法規出版株式会社
　　　　　　〒110-0016　東京都台東区台東3-29-1　中央法規ビル
　　　　　　Tel 03(6387)3196
　　　　　　https://www.chuohoki.co.jp/

印刷・製本　　株式会社ルナテック
装幀デザイン　二ノ宮匡（ニクスインク）
本文・DTP　　ホリウチミホ（ニクスインク）
イラスト　　　大野文彰

ISBN978-4-8058-8712-7